在阿爾卑斯山與尼采相遇

踏上尼采的哲學山嶺，了解其人及其思想

HIKING WITH NIETZSCHE

On Becoming Who You Are

約翰・凱格 JOHN KAAG

林志懋——譯

「向人生的高峰攀爬」並不只是青少年的勵志口號。只要在人生中的任何一個階段，針對任何一個面向，不滿於現狀，只要還提得起勇氣，就向天際攀爬。閱讀這本書，和作者一起跟隨尼采，再一次於黑夜的星空下，展開冒險旅程，看看那超越平凡的世界，多麼自由燦爛。

——華梵大學哲學系教授　冀劍制

雖然這本書扮演的是尼采著作入門的角色，但其真正的成就在於體現了尼采的一項核心觀念——也是你無須讀過他的書就能認識的觀念：成為你自己之律令。……稱之為哲學亦可，稱之為回憶錄亦可，這是一本充滿熱情魄力的書。冒著被拉去成為你自己的風險，讀讀這本書吧。

——史考特・帕克（Scott F. Parker），《明尼亞波里斯明星論壇報》

本書提供關於這位德國哲學家作品的一篇直率、甚至是實用的入門導論，並就這些作品何以依然重要，提出一個令人信服的理由。就連那些不一定有受到誘惑而墮入尼采深淵的讀者，也一定會發現凱格對自我、頹廢、同儕情誼和身體束縛所做的探討，既清爽有勁又啟迪思想。與教你如何過一生的類型相反，也為了配合尼采爆炸性且令人不適的想法，凱格盡力問了所有的正確問題，卻未急於觸及任何掩飾緩解的答案或解方。

——莫頓．嚴森（Morten Høi Jensen），《洛杉磯書評》

在本書中，凱格探討了心理上的奮鬥和生理上的奮鬥這兩種觀念如何緊繫在一起。老實說，我這輩子到了這種時候，大概是絕不會去讀尼采，但凱格清楚明晰的文風，以及關於我們為何著迷於山巔極頂的洞見……聽來真實且讓我覺得有比較開竅了一些。

——西瑟．漢斯曼（Heather Hansman），《戶外》雜誌

了不起的尼采導論，以作者所經歷過的地景與城市做成獨一無二的背景。其調性與寫作風格讓一般讀者易於親近，同時其內容也讓熟悉尼采的人有所收穫。

——《圖書館期刊》

導讀

Übermensch對抗UberEats：一部哲學歌劇

台北藝術大學戲劇系兼任助理教授　耿一偉

在電影《全面啟動》中，一群盜夢者入侵企業家費雪的夢境，是為了讓他自己做下放棄繼承父親企業的決定。在最高潮的一幕，費雪在夢中與盜夢者偽裝的臥病父親對話，父親說：「我很失……失……」費雪搶著說：「爸，我知道，我知道你很失望我不能像你一樣。」「不，不對……」父親喘著氣回答，「我很失望……你想跟我一樣。」於是在這段對話之後，費雪決定放棄遺產，成為自己。

眾人皆知，主導動機是華格納在歌劇《尼貝龍指環》所使用的音樂手法，但這名詞並非他發明，而是當時《拜魯特日報》編輯的創造。其實更貼近華格納的用法，根據當代德國知名指揮蒂勒曼（Christian Thielemann）的說法，應該是情感路標。

父親就是《在阿爾卑斯山與尼采相遇》這部哲學歌劇第一個可辨識的情感路標。從序幕

〈群山之父〉開始，父親的隱喻從父山開始，就成為重要情感路標。這個路標先從外在的地理環境開始，再進入哲人與父親的關係。不論是本書作者凱格本人、尼采或是影響尼采甚鉅的叔本華，皆是早年父親即消失或過世。父親的缺位，讓保護不再，讓冒險有所可能，成為自己旅途得以展開。

《在阿爾卑斯山與尼采相遇》最動人之處，在於凱格最後也走出尼采的影響，成為自己。十九歲時踏上阿爾卑斯山尋找尼采寫作的道路，近二十年後，他帶著妻子與女兒，再度踏上這條成為自己之路。在兩段旅程的回憶當中，穿插著尼采的傳記史與哲學解讀。凱格的分析是透過親身實踐，有自己角度的。他從美國哲學家愛默生出發，發現美國超驗主義對青年尼采的影響。這種詮釋角度既清新又具有說服力。但是，這種跨文化閱讀之所以奏效，最終還是奠基在作者個人生命與尼采的撞擊。

除了自小父親不在身邊，年輕時受尼采哲學強烈影響之外，凱格在精神上類似尼采，飽受憂鬱之苦，必須服藥。這一點特別有趣，因為大多數哲學家以理智健全的形象著稱，通常哲學家或教授們，不會在著作中刻意透露自己飽受精神疾病之苦，以免破壞理性工作的形象。但我自己個人有趣的經驗，是在日常生活中，大多數人又認為哲學系畢業，通常有點怪怪的。

這種無法融入世俗的形象，有一部分可以在尼采哲學中得到解釋。對尼采來說，哲學家必須是孤獨的。透過本書的解讀，這份孤獨其實可以從登山者的行動中得到說明。如同凱格觀察到的，與登山客在山上所面對的種種不便及危險相反，這是一個移動越來越便利的，缺乏痛苦付出的時代。特別是當代城市與城市間的交通日益快速與安全，現在甚至不用出門，就可以用網路與全世界當下聯繫，吃飯還能叫UberEats，這最後只是阻止你成為Übermensch（人上人）。尼采早在《查拉圖斯特拉如是說》，以最後之人來形容這種當代人圖像：「人們在白天有自己的小確幸，在黑夜也有自己的小確幸；但他們崇尚健康。『我們已發明了幸福』，最後之人眨著眼說道。」對尼采來說，人上人就是與最後之人進行對決的解決方案。

當代人無法孤獨的情況比尼采時代更為嚴重，現在即使在大自然中步行，當代人也急於上傳照片，希望讓別人隨時知道自己動態。相反地，從登山延伸而來的漫遊，是哲學思維非常重要的部分，如同作者舉證，從佛陀、蘇格拉底、亞里斯多德、盧梭、康德與尼采等，都從孤獨中的步行獲益，「一種只能在移動中得到的心靈開放」，凱格在書中強調。

《在阿爾卑斯山與尼采相遇》的另一個特點，是關於哲學寫作，而且是透過登山來談尼采。這可分成三個部分來討論，首先作者以自己的登山與生命經驗，與尼采對照，試圖體會尼采在阿爾卑斯山區十年漫遊的寫作狀態，以協助讀者對尼采哲學有更深入理解。第二部分，是關於本書的寫作佈局，就是模擬一趟登山經驗。前面提到華格納的情感路標，不只是只有父親這個路標，還有女人、動物、頹廢與耳朵……等，這些路標會經常在各章浮現，形成某種既具景觀功能又帶音樂性的雙重效果。第三是當讀者於書中慢慢步行，越到後面，對尼采這座阿爾卑斯山脈的複雜景觀，不但有越來越豐富的描述，尼采對後世的影響，特別是二十世紀從法蘭克福學派到作家赫塞，最後都會納入觀眾眼簾，飽收當代西方人文壯闊美景。

在費雪與父親進行最後對話後，《全面啟動》的下一幕是李奧納多飾演的主角柯柏，不願隨著大家一同脫離險境，他必須深入到一層夢中，去拯救委任這項盜夢任務的日本商人齋藤，此行同行的亞麗雅德對他說了一句關鍵台詞：「別迷失自我。」最後之人所處的時代，就像是《全面啟動》的夢中夢，你很容易就被夢沖走，迷失在夢中。這些夢，按照凱格引用尼采、阿多諾的說法，就是我們的消費文化與群眾心態。

尼采說：「成為你自己」，但這個自己不是空洞的中二，而是必須從痛苦與孤獨中逐漸創造出來的。你必須勇敢對世界提出懷疑，忍受別人甚至自我否定的折磨。高山是危險的，哲學或許也是，但尼采絕對是。

推薦序

尋找自己的路

健行、登山者／作家　楊世泰

哲學是將生活中難以言說的情感經驗，以理性而科學的方式歸納為理論和學說。而哲學家的角色像一位醫師，解釋了身體某處無法形容的病痛或舒暢，然而卻總有幾個地方的毛病深藏於搔不到的陰暗角落，因為哲學家的工作並非找出答案，而是提出疑惑、挖掘根本的問題；他們意在找出病因，而非治癒。於是我們只得用盡各種方法自我診斷，去經歷、去驗證、去挑戰，只為了找出「我」——究竟發生了什麼事？這些經歷對「我」有什麼意義？而在所有搜索答案的方法之中，漫步於山林原野，是我所能想到最適切也最直接的途徑。

誕生於歐洲登山運動黃金年代的尼采，理所當然地會受到阿爾卑斯山脈巨大的牽引，在他晚年精神崩潰並去世前的十年歲月，尼采於夏日的山林裡完成《查拉圖斯特拉如是說》和《快樂的科學》等著作。可以這麼說，高山給了他足夠的養分，縱使病痛纏身，卻也讓思想更加敏銳，讓感官越發透明。他習慣走在熟悉的路徑上，重複一次又一次相同的攀登，這使人相信他的意圖與我近日的醒悟非常接近：我們並非熱愛登山，而是鍾情徒步。所謂「山」，只是一個讓人更能體驗自己、感受自己的靜謐場域。

「有些物事之發生，不在山頂，而在路上。」我確信如此，因為山頂的角色只是一個折返點，並非永恆的終點，除非擁有翅膀，否則往前再也無路可走，它稱職地抵銷人類本能追求「再多一點」的慾望，強迫你在歸途反芻經歷的一切。雖然不可諱言，立於山峰之巔自有其強大的魅力，縱使明白那兒空無一物，只是岩石、冰雪和泥土所組成的方寸之地，行者們仍舊相信有一幅可以眺望「本我」的視野，誠如作者所言：「有些最誇張的峰頂，正是觀看生命峽谷與裂口的最佳處所。」

但我們並不會在山頂踏步、不會在山頂原地走路。因為，若如尼采所說「所有真正偉大的思想，都是在行走時構思的」，那麼在身體處於靜止狀態的山頂，又如何能夠發動思考的引擎？尼采認為靜坐不動是忤逆聖靈的罪孽，因此我們彷彿依附在宿命的齒輪，必須在往返山頂與山腳的路上，用一個又一個的腳步往「人上人」的方向靠近。而在這過程中最令人傷神卻也最迷人的祕密是：我們永遠不會找到真正的解答和救贖——而這正是驅使人類不斷攀登、爬升與行走的原因，哲人的移動牽引著世代的移動，踏上欲求臻至完美卻永遠不會完美的路途。

「人們需要以真實的肉體起身、站直、探前，然後出發上路。」作者約翰・凱格用雙腳親身實踐「追尋哲人腳步」的口號，在他接近不惑之年，以經歷破碎婚姻後再婚的身軀，重新接受高山的召喚，攜帶妻女回到阿爾卑斯山複習年輕時踏上的尼采之路。這正好是我現在的年紀，雖然說人生的經歷還不夠厚實，卻也累積了一定的痛苦和歡愉，讓我能榨壓出一點尚可捕捉的思想並將之實踐於走過的道路，然後用道路再次琢磨我的思想。於是我走路、走路，不斷走路，確認已沒有任何追尋終極答案的企圖，讓道路自己延伸出意義，不成為任何形式的奴隸。這也正是尼采所謂「人上人」的精神，以及我認為所有行者都該學習的課題：尋找自己的路。

目錄

目錄

獻給卡蘿與蓓卡

多數人，即群眾，從未品嘗過孤獨。他們離開了父母，卻只是爬向妻子，默默屈服於新的溫暖與新的縛繩。他們從未孤獨，他們從未向自己交心。

——赫曼．赫塞（Hermann Hesse），〈查拉圖斯特拉的回歸〉（Zarathustra's Return），一九一九年

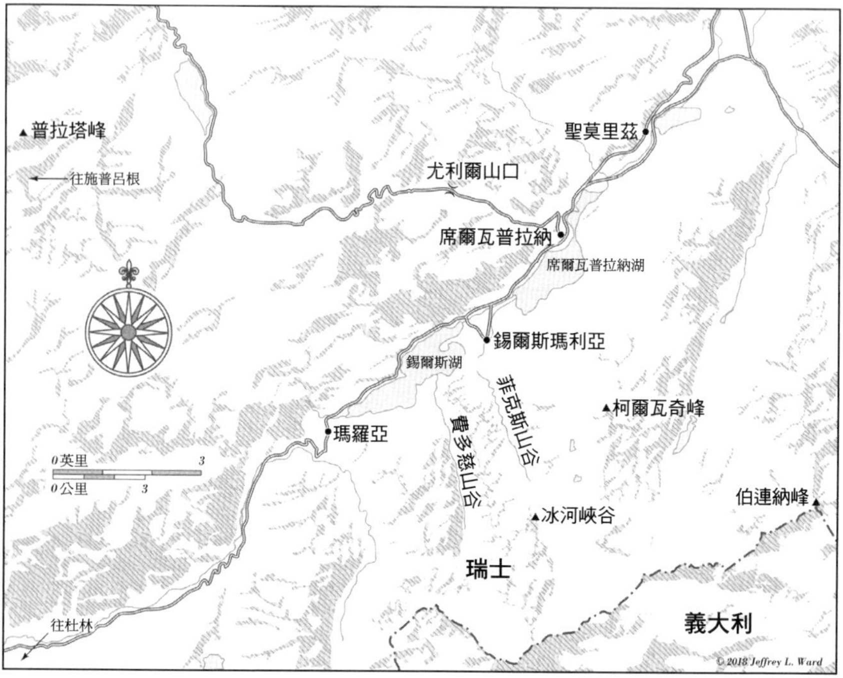
普拉塔峰
往施普呂根
聖莫里茲
尤利爾山口
席爾瓦普拉納
席爾瓦普拉納湖
錫爾斯瑪利亞
錫爾斯湖
菲克斯山谷
費多茲山谷
柯爾瓦奇峰
瑪羅亞
0 英里 3
0 公里 3
伯連納峰
冰河峽谷
瑞士
義大利
往杜林
© 2018 Jeffrey L. Ward

序幕

群山之父

設定你自己的目標，崇高又尊貴的目標，
並消亡於目標的追尋中！我不知道有哪一種人生目的，
勝過消亡於追求偉大與不可能：揮霍偉大的靈魂。

——尼采，未出版筆記，一八七三年

攀上柯爾瓦奇峰之巔，花了我六個小時。這是尼采之山。清晨低懸的夏霧幾乎盡消，露出下方一英里遠的山麓。我來到一塊磨損的花崗岩板上休息，感歎我這一路遠來。我俯瞰錫爾斯湖一會兒，在柯爾瓦奇閃耀生輝的山腳，海藍鏡面穿沿山谷，讓我本已心許壯麗不可思議的景色，一化為二。接著，最後的雲朵蒸散，伯連納峰浮現東南。其實，我還沒去過那麼遠。伯連納，東阿爾卑斯第二高點，是柯爾瓦奇之「父」，由北向南池離的山脈最高點，將巨大的冰河河谷分成兩段。二十八歲的柯茲（Johann Coaz）＊在一八五〇年率先攀頂後寫道：「我們滿腦子都是嚴肅的念頭，貪婪的雙眼眺望大地直至遙遠的地平線，而數以千計的山峰環繞我們周遭，如岩石從燦爛光華的冰海中升起。我們滿懷驚歎與敬畏，掃視這壯麗的山嶺世界。」

當時我十九歲，父山以某種力量施加於我。父山，或隱約、或遙遠，是指一定範圍內最高之峰，地質上諸子皆從此點沉降而下。我被阿爾卑斯山吸引，來到錫爾斯瑪利亞的小村落，尼采在他的知性生命中，有很長一段時期稱這個瑞士村落為家。我在他於十九世紀末遊歷過的這些山裡漫遊了好幾天，然後繼續循尼采的足跡，前去尋覓其中一座父山。柯爾瓦奇峰，一萬一千三百二十英尺，山蔭覆蓋諸子，那圍繞錫爾斯瑪利亞的群山。河谷對岸，是伯連納峰。西去三百英里，在這片「壯麗的山嶺世界」轄內的法國國境處，矗立著伯連納最遠的祖輩，白朗峰。白朗峰之後，坐落著遙遠疏隔得不像話、神威無時無處不在的聖母峰，幾乎是它這法國子孫的兩倍大。柯爾瓦奇峰、伯連納峰、白朗峰、聖母峰——這條前往父山之路，對大多數旅人而言，遠得無法承受。

尼采大半生都在追尋極高之境，一而再地亟欲君臨物理和哲學地景之上。「看哪，」他作勢而言，「我要教你們什麼是人上人（Übermensch）。」此一「人上人」，是一種超人類（superhuman）的範型、是個體能以之為志向的崇高，至今依然啟發著無數讀者。多年來，我一直認為人上人的訊息清楚明瞭：**變得更好，去至較此處更高**。自由的精神、自我征服者、不隨眾之人——尼采的存在主義式英雄所帶來的驚嚇與啟發不相上下。人上人是矗立在眼前的挑戰，要我們以不同的方式來自我想像，超越那悄悄統治著現代生活的社會約俗與自限束縛。超越每日之常那穩定、無法阻止的行進。超越那伴隨我們日復一日之追求而來的焦慮與沮喪。超越那檢束吾輩自由之恐懼及自疑。

尼采的哲學有時被鄙夷為孩氣幼稚，是自大狂的產物，或許很適合青少年歲月的自戀與

＊一八二二～一九一八，瑞士護林員，地形測量師和登山家。

天真，但進入成年期之後，最好是加以捨棄。而真有許多即將邁入成熟的讀者，因這位「真正的歐洲人」（good European）而鼓起了膽氣。但尼采有些教訓，年輕人是不懂的。真的，經過這些年，我開始認為，他的作品其實特別適合我們這些開始攀上中年之巔的人。十九歲那年，在柯爾瓦奇峰頂，我不曉得這世界有時竟能蠢到這種地步。留在這山谷中，滿足於平庸，該有多麼容易。或是，時時警惕著生命，該有多麼難啊。三十六歲的我，現在才剛剛開始懂了。

當一個負責任的大人，林林總總之外，往往還得讓自己屈服於完全缺乏期盼與潛在性的生活，而這些期盼與潛在性是他曾經有過，或其實依然保有的。也就是成為他一直希望能避免的模樣。到了中年，人上人是一個逡巡不去的承諾、一個希望，希望依然有改變的可能。尼采的人上人——其實應該說是他的整個哲學——不只是一種抽象而已，不是要在扶手椅上或家裡的安樂窩中去理解。人們需要以真實的肉體起身、站直、探前，然後出發上路。依尼采所言，此一轉變出於「對未來、對逼近之冒險、對再次開闊之海洋突如其來的感受及預知，以及再次容許並信受之意圖。」

本書是關於「再次容許」並追尋之「意圖」，是關於和尼采一起徒步旅行、邁入成年。第一次攀上柯爾瓦奇峰頂時，我以為長途跋涉的唯一目的就是要越乎雲層之上、進入開闊的天空，但經過這些年，隨著髮色開始轉灰，我得出的結論是：這不可能是徒步旅行——或生活——的唯一重點。真的，一個人爬得越高，就能看得越多，但也真的無論什麼高度，地平線總是彎向視野之外。

隨著我年紀漸長，尼采人上人的訊息變得越加迫切，但也越加令人困惑。多高才夠高？我應該看些什麼？或更誠實一點，應該尋找什麼？我腳上這顆水泡的重點是什麼？自我克服的痛苦？我到底是怎麼到達某一座山頂？我應該滿足於**這座**山峰嗎？尼采在他即將邁入三十歲的當口，提了一個建議：「讓年輕的靈魂拿著這個問題來回顧生命：截至此刻，你曾真正愛過什麼？是什麼引著你的靈魂來到高處？」到頭來，這些才是真正該問的問題。人上人這個計畫，一如年老本身，並非要到達任何一個固定的終點，或是找到某個有窗景的永恆之室。

健行時，你彎腰入山。有時候，你滑了一跤，踉蹌前行。有時候，你失去平衡，往後翻倒。這是一個試圖向正確道路靠近的故事，讓此刻的自我靠向某種未臻至、可臻至，但還在視野之外的物事。就連滑跤都可以有所啟發。有些物事之發生，不在山頂，而在路上。人們有機會，用尼采的話來說，「成為你自己」。

第一部

第一章

旅程是怎麼開始的

只達到某種程度之心靈自由的人，
除了自覺是大地漫遊者外別無其他——
但這並非邁向最後終點的旅人：
因為並不存在這樣的終點。

——尼采，《人性的，太人性的》（*Human, All Too Human*），
一八七八年

我經常告訴學生，哲學挽救了我的人生。這是真的。但那趟錫爾斯瑪利亞初旅——在前往柯爾瓦奇峰的路上——我差點就死在哲學手上。那是一九九九年，我當時正在撰寫一篇論文，是關於尼采及其同時代的美國人愛默生（Ralph Waldo Emerson）[1]，兩者作品中的天才、瘋狂與美感經驗。備受呵護、即將邁入二十歲的我，鮮少冒險跨出賓州中部那道看不見的圍牆，所以我的大學指導教授動用了一點行政上的特權，幫我找了一條出逃的門路。在我大三快結束時，他交給我一個沒有署名的信封——裡面是一張三千美元的支票。「你應該去巴塞爾，」他這麼提議，大概是算準我不會留在那兒不回來。

巴塞爾是一個轉捩點，是尼采早期傳統式學者生涯與他日益出人意表的歐洲哲學家詩人式存在之間的翻轉軸心。一八六九年，他以巴塞爾大學最年輕的終身教職之姿來到這個城市。在接下來的幾年間，他將寫出他的第一本著作，《悲劇的誕生》（*The Birth of Tragedy*），他在書中論證，悲劇的魅力在其能使人類兩種彼此競爭的驅力得以和諧：對秩序的欲求，以及對於混沌有著怪異卻又無可否認的渴盼。我抵達巴塞爾時還不到二十歲，不禁要認為第一種驅力——對尼采名之曰「阿波羅式」的穩定性與理性著迷般的渴求——已經在現代社會中占了上風。

巴塞爾的火車站是瑞士精準風格——漂亮的人們穿著漂亮的衣服，安靜流暢地穿過大廳，與從未誤點的列車相會。街道的對面矗立一座龐然大物的圓柱形摩天樓，是國際清算銀行（Bank for International Settlements, BIS）總部，世界上最有權力的金融機構。我出了站，在銀行外頭吃了我的早餐，一大群穿著得體的阿波羅們消失在大樓裡，去上他們的班了。「有教養的階級，」尼采解釋，「被極其可鄙的貨幣經濟給深深吸引了。」現代資本主義社會的生活「錢」景可期，卻也慘淡淒涼：「這個世界從未如此塵俗，愛與善之貧乏無以復加。」

依尼采之見，愛與善並非亦步亦趨地實現，而是體現成其反面：戴奧尼索斯式的狂歡。他在巴塞爾的日子應該是過得既開心又井然有序，過的是心靈的、上流社會的生活，但他一到巴塞爾，很快就和浪漫派作曲家華格納（Richard Wagner）交上朋友，於是這樣的生活沒多久就畫上了句點。他來巴塞爾是要教古典語言學，這是對語言和語源的研究，看起來夠無害了吧，但尼采不像他許多較為保守的同事，他明白這種理論性的發掘可以有多基進。他在《悲劇的誕生》中聲稱，西方文化及其所有壯麗的精雕細琢，都是建立在戴奧尼索斯久遠之

---

1 一八〇三～一八八二，美國思想家、文學家。

前親身展示過的地表下深層結構之上。而尼采和華格納在他們交好初期，打算一起把這個結構發掘出來。

戴奧尼索斯顯然不住在巴塞爾。根據荷馬的說法，他誕生在西方文明邊牆之外的遠方，「埃及之河的近旁」。他是希臘神話中的野孩子，是阿波羅試圖加以監管未果的角色。又名之為埃洛伊特里歐斯（Eleutherios）——「解放者」——這位粗暴喧鬧的酒與歡笑之神，通常被描繪成和他那醉仙養父、也就是羊男西勒諾斯（Silenus）一起，在山裡四處漫遊。漫遊聽起來比較正經八百，其實更像是嘻鬧冶遊——在城市邊界之外的森林裡隨處舞蹈、交合。

華格納比尼采年長三十歲，與哲學家的父親同年；哲學家的父親是虔誠的路德派教徒，在他兒子五歲時死於「腦部軟化」（softening of the brain）[2]。作曲家既不軟也沒死。華格納的中期作品是「狂飆運動」（Sturm und Drang）[3]的展現，而尼采非常喜歡這些作品。華格納和尼采同樣對布爾喬亞文化的興起深為鄙視，因為在布爾喬亞的觀念裡，最好的生活，就是依循常規，過著輕鬆、溫和、守時的日子。在當時的巴塞爾，「謀生」不難，現在也是：你念書、找工作、賺點錢、買些東西、度假、結婚、生小孩，然後死亡。尼采和華格納知道，這種生活有種言不及義的味道。

《悲劇的誕生》一開頭，尼采講了米達斯國王和西勒諾斯的故事。米達斯，這位以點石成金出名的國王，要求戴奧尼索斯的隨從解釋生命的意義。西勒諾斯看了國王一眼，坦率地告訴他：「啊，朝生暮死的可憐物種……你為什麼要逼我說出你最好不要聽到的話？最好的，你已經完全做不到：不要出生、不要存在、入於虛無。但你還有次好的——快點死去。」當我坐在國際清算銀行的台階上，看著男男女女急急忙忙趕著上班，我想，西勒諾斯很可能說得沒錯：某些形態的生活最好盡可能過得快一點。然而，尼采和華格納相信，身而為人，就是要被拯救、要活出極致。

「只有作為一種美學經驗，」尼采在《悲劇的誕生》中強力主張，「存在與世界才有恆久的正當性。」這是尼采對西勒諾斯智慧的回應，超克現代虛無論的唯一方法。美學（aesthetic）：源自希臘文的aisthanesthai，「感知、感覺、感受」。只有對世界有不同的感知、只有在深刻感受之中，西勒諾斯才能得到滿足。若苦痛與死亡無法逃避，或許有可能轉而

2 也有痴呆、失心瘋之意。

3 指一七六〇年代晚期到一七八〇年代早期在德國文學和音樂創作領域的變革。是文藝形式從古典主義過度至浪漫主義的階段。名稱取自劇作家克林格（Klinger）的戲劇*Sturm und Drang*，但其中心代表人物是歌德和席勒，歌德的《少年維特的煩惱》是典型代表作品，表達的是人類內心感情的衝突和奮進精神。

加以接納，甚至心懷喜樂。依尼采之見，悲劇有其益處：悲劇證明了，受苦可以不僅僅是受苦而已；在其半生不熟的苦澀中，痛苦還是可以被引導、有序，甚至是美麗且壯觀。接納而非逃避悲劇的古希臘人已經指點了一條道路，能夠超克當時正快速壓倒現代性的悲觀主義。

我本該在巴塞爾待上幾個星期，本該在圖書館度過我大半的時光，但當我漫步穿行這座城市，突然覺得這個計畫不可行。這街道太直、太安靜、太世俗。我需要有所感受、需要突破麻痺、需要證明自己不是在睡夢中。或許這是我人生中第一次為所欲為，而非為所當為。等到去過尼采曾經授課的大學，我知道我得盡快離開。

到了一八七八年，《悲劇的誕生》中那種滿懷希望，已經開始消退。尼采的健康狀況惡化，心理狀態不穩的初期徵兆開始浮現。他真的是向著群山而行，開始了阿爾卑斯山區的十年哲學漫遊——先到施普呂根，接著到艾格峰山腳的格林德瓦，登上聖貝納迪諾山口，然後到錫爾斯瑪利亞，最後來到北義大利的城鎮。走這條路線，就是跟著尼采走過他最多產的時期——十年的狂熱寫作，將產出現代存在主義、倫理學和後現代主義許多開創性作品：《查拉圖斯特拉如是說》（*Thus Spoke Zarathustra*）[4]、《超越善與惡》（*Beyond Good and Evil*）、《道德系譜學》（*On the Genealogy of Morals*）、《偶像的黃昏》（*Twilight of the Idols*）、《反基督》（*The Antichrist*）和《瞧！這個人》（*Ecce Homo*）。在巴塞爾的第一夜、也是唯一一夜，我做了決定，這就是我要走的旅程——許多學者認為，這條路徑標繪出尼采才氣勃發與墮入瘋狂。

我在第二天清晨破曉前醒來，走了一段長路，以確認我的疑慮：巴塞爾全然無有靈魂，恰是不宜於我之地，是為了火車站而存在。第一站：施普呂根，高踞阿爾卑斯山上。我認為我最後可能止於杜林，一八八八年尼采在那兒寫了《反基督》，就在他喪失心智的不久前。那是他在精神錯亂而有所發現之地：一種意圖驚嚇而非教導我們的哲學。如果我們打算要讀《反基督》，尼采要求我們培養「一種因力量而生的性向，去面對沒人有勇氣面對的問題；面對禁忌的勇氣。」駭怖有其用處。最令我們害怕的問題，恰恰就是值得我們全神且立即加以關注的問題。我盡量去習慣這樣的想法。列車終於把山谷拋在後頭——而一起慢慢拋在後頭的，還有我對禁忌的恐懼。

4 編按：文中此書書名將遵循原文，交插使用《查拉圖斯特拉如是說》、《查拉圖斯特拉》。

就像尼采的父親，我的父親在我四歲時瘋了。尼采的父親死了，我的父親拋棄他的家庭。和我同名的父親在一九八〇年代任職於國際金融界，專精於外匯交易三角套利，這是一種利用美元、日圓和英鎊之間的外匯市場低效套利的交易形式。今天是由電腦來做這工作，但外匯套利興起之初，是像我父親這種人在做。我最早的記憶之一，是關於我外祖父試著解釋他的女婿以何維生。他拉出一盒玻璃珠，拿三種不同色的珠子給我看：藍色、綠色和紫色。他開始解釋：想像一下，你可以拿十顆藍珠子和我換七顆綠珠子。接著你找到有人願意用十二顆紫珠子換你的七顆綠珠子。現在帶著你的紫色珠子，拿來換**十一顆**藍珠子。他把一開始那批藍珠子還給我，從盒子裡撈出另一顆藍珠子，拋給我：「你賺到這顆。」這就是套利——不勞而獲，好到不可能是真的。

「曾經『為了愛上帝』而做的，」尼采指出，「現在是為了愛錢而做。」其實，曾經「為了愛上帝」而做的，我的父親是為了愛錢而做，**還有**為了體驗。他是個體驗狂：飛繩釣、駕船、開車、騎車、滑雪、派對、健行——如果做這些事能得到點什麼感受，他就去做。在外人看來，他是個有錢、帥氣到惹人厭的男人，有一個美麗的妻子和兩個光鮮耀眼的兒子。但表象往往會騙人。尼采在巴塞爾的時光將近尾聲時坦承：「我意識到在（我）……愉悅的背後是深沉的憂鬱。」我父親意識到類似的祕密，一個他試圖用漂亮門面掩蓋的祕密——但這個祕密最後還是將他逼向沮喪、酗酒，以及英年早逝。到頭來，套利真的是好到不可能是真的。

小時候，我對父親的行為只是略有所知，但十九歲那年，我開始透過第一手的體驗，有了清楚的了解。他感受到尼采口中「偉大與不可能」（the great and the impossible）所帶來的誘惑——渴望彌補曾經愛過某種無價之物卻又失去的那種感受。他自己的父親也是經常看不到人，為了一個見錢眼開的妻子，一生都耗在賓州雷丁市郊外一家襪子工廠裡，而這個妻子卻以只得腳踏實地工作賺錢供她花用的藍領丈夫為恥。我的祖父會在晚上偷偷溜回家，吃過晚餐，自己窩在角落的扶手椅上，倒杯飲料之類的，讓一切都沉入昏黑。愛，總是看情況而定，是得去努力掙來的東西。而且永遠不夠。這種匱乏感並非出於實際的貧窮，而是出於一種並非我家獨有、關於愛與情感的概念。它被視為一種交易。當然，情感的交易帶給人的滿足程度，和貨品勞務的交易完全一樣——也就是說，一點都不滿足——但這並不能阻止人們不斷地嘗試交易。愛的徹底破產，讓一切都陷入瘋狂的變動不定。

祖父死於肝硬化之後，父親找到他父親喝的那種飲料，買了一張兩人座的紅皮沙發，擺在客廳的那個角落。但他多半都在旅行，沒間斷過，總是不在家，為了尋找下一次的交易。他根本就不曾在這任何一趟旅程結束後回來過。後來，他先是在費城，接著去了紐約。某年某月某一天，我失去了他的消息。

火車通過與列支敦斯登交界的巴德拉加茲，就在皮措爾山腳下。我眺望拉加茲上頭的群山，羊群在海拔較低處悠閒地啃著草。這些山巖之間的某處就是塔米納峽谷，一個狹窄的洞窟，蓄滿具有療效的普費弗斯礦泉水。七百年來，朝聖者尋路上山，恢復身心並洗去日常生活的積垢。在一八四〇年代，泉水被汲取到山下，注滿如今名聞遐邇拉加茲各處浴池。三十三歲的尼采，因為在巴塞爾的那些年而身心俱疲，隱遁到這處溫泉休閒勝地，希望能逃離從青少年時期就令他備受煎熬的偏頭痛。就是在此地，他第一次動念要拋棄他身為教授的職責。「你可以猜想，」他寫道，「我的憂鬱和沮喪有多麼深刻入骨……我所要求的只是一點自由……我開始對強加於我的許許多多、多到數不清的不自由感到憤怒。」他將離開巴塞爾，並為了更崇高的理由而重返。隨著拉加茲淡出視野，我能理解這種隱遁的懇求，但也明白那些致使逃脫如此棘手的種種力量。

尼采的牧師父親過世時，這個小男孩——小時候被叫作「弗里茲」（Fritz）——的反應，對大多數虔誠的路德派教徒而言，是再自然不過：他變得更加順從。他在青少年時期曾打算投身教會事工，他的同學叫他「小牧師」——這並非暱稱之詞。尼采太過聰明、內省而不利於己，遭到同學們無情的戲弄。弗里茲要是不能見容於同儕，便會向上帝尋求肯定：「祂所給予的一切，我都欣然接受：幸與不幸、貧與富，甚至是大膽直視死亡，而死亡終有一天會將我們全都結合在永恆的喜悅與至福之中。」喜悅地擁抱對立的兩極，即使是最尖銳的——生與死的對立——是尼采從未放棄卻也不曾真正實現的渴望。

對這個年輕人而言，同儕情誼來之不易，但並不是因為他粗魯無禮或自我中心。恰恰相反，年輕的弗里茲害羞、有禮、態度恭敬過了頭。他有很長一段時間以書為友。十五歲那年——當其他青少年正在叛逆放蕩——年輕的弗里茲創立一個不對外開放、名為日耳曼尼亞的讀書會。成員不多：尼采和幾個書呆氣濃到令他滿意的男孩。舉行成立大會時，他們帶著一小瓶紅葡萄酒，徒步旅行到普佛塔中學附近的申堡遺址，發誓對藝術與文學忠誠，然後把酒瓶拋過垛牆，以示約定之神聖。之後的三年間，日耳曼尼亞的成員定期聚會，分享詩詞、短文及專論（年輕的尼采就是在這兒提出他第一篇哲學論文〈命運與歷史〉〔Fate and History〕），並表演華格納最新的創作，其中包括《崔斯坦與伊索德》（*Tristan and Isolde*）。這就是尼采式的玩樂。

火車載著我越爬越高，我想著此種童年生活的荒謬——只比花上九星期進行朝聖之旅以示對死去已久的哲學家致敬，稍稍荒謬一點——想著他要費多大力氣才能真正融入其中。

弗里茲試著要正常，但事情進行得不怎麼順利。說到日常生活，他要麼做過了頭，要麼更常見的是對於平庸陳腐漸覺煩厭。他一離開普佛塔這所德國首屈一指的寄宿學校，就進了波昂的大學，而且當個普通人當得很出色——結伴喝酒、假日遊覽，甚至談個小戀愛。他試著像其他孩子一樣喝酒，但某一天晚上，他真的喝開了，醉到一蹋糊塗，差點就被扔出學校。他把這場不幸的飲酒狂歡告訴母親，抱怨他「只是不知道我能喝多少（酒）」。當他加入和美國兄弟會團體類似的法蘭克尼亞兄弟會時，觸及了他從眾意願的極限。其實他並不喜歡啤酒。他喜歡糕點，而且喜歡讀書——非常喜歡。十個月後，當他離開波昂、前往萊比錫時，心裡清楚明白：正常，就是在浪費時間。

在他青少年階段的後期，弗里茲可資慰懷者有二：他的母親芙蘭契斯卡（Franziska），以及愛默生的作品。他在一八六〇年代初就開始讀愛默生，當時他完成了普佛塔的學業，美國超驗主義（American Transcendentalism），用他的話來說，很快就成了「即使在黑暗時刻也能令我歡喜的好友：他有這麼多的**究疑**（skepsis）、這麼多的『可能性』，有了他，就連德性都有了靈性。」哲學最好是透過反覆背誦來學習——這意思並非不用腦的記憶，而是**用心**學習並在經驗中付諸實行之意。知識最個人化的這一面，意味著要賦予個人勇氣去決定自己的人生，無需教師或教士的指點。於是，愛默生的**究疑**、批判性的懷疑，在尼采與教會事工之間打出了裂痕。「世界上存在僅此一條的道路，除了你，沒人能走：它通往何方呢？別問了，」尼采指點著，「就走下去吧。」這條自立自強的道路，終將成為引領他來到阿爾卑斯山的康莊大道。

尼采受到愛默生的普羅米修斯式個人主義吸引，他認為，寂寞並非不是什麼得不計代價去治療的東西，反倒是一種應該加以冥想、甚至享受的獨立時光。其實，與世隔絕到了讓人得以免於社會束縛的程度，是最宜於哲學家的狀態。這種浪漫主義式的衝動深植於兩位思想家的心中；美學體驗是對生命的肯定，但並非抽象性的，而是以個人情緒與知性為基調。二十二歲那年，在給他的朋友馮．葛斯多夫（Carl von Gersdorff）的信中，尼采坦率寫出他對這位美國人的仰慕：「有時，當那些寧靜的冥想時刻到來，人們超乎其生命之上，心情悲喜交織……愛默生對此描述得如此出色。」他進入成年期之後，開始把某些類型的經驗——其中包括這些「寧靜的冥想時刻」——視為逃離生命哀傷的一種方式，並受到這位在一八四〇年代帶起經驗哲學浪潮的思想家所吸引。

這是個公認怪異的想法：人們可以藉由讓自己沉浸在生活經驗中而達致超驗性，超驗性不假「外」求，只需要對生活做更深入的探索。但正是此一觀念，將尼采推向愛默生。傳統的宗教救贖路線在十九世紀初期已遭切斷：日耳曼的「高等批判」（higher criticism），把福音書當成歷史文件而非上帝之言來解讀的一種聖經學術研究形式，侵蝕了教會在靈性領域及實存領域的權威；當代資本主義大步邁進，以無所不能的金錢符號取代了十字架；而現代科學——以達爾文在該世紀中葉的發現為代表——更是進一步侵蝕了宗教的信念。人們可以有信仰——並體驗深層、近乎神聖的意義——但只限於形、可觀察的實存流動之中。

愛默生在他一八四四年的〈體驗〉（Experience）一文中（發表於尼采誕生那年）寫道：「從未有人體驗過完全的滿足，然而他所體驗到的好，預兆著更好。前進、再前進！在解放的時刻，我們知道，生活……的新圖像早已有其可能。」這是愛默生對未來最寄以厚望的文字，但尼采明白，愛默生式的樂觀還是會要求人們學習以正確的方式承受體驗。對愛默生來說，自我超克是在亦喜亦悲的夏日時分完成，是在我們在知曉白日衰退已然過半的日正當中之際。這個美國人，一個三十好幾、第一任妻子因肺結核而喪命的男人，對於個人悲劇並不陌生，他將協助弗里茲超克、捱過自己的悲劇。愛默生發表於一八四一年的〈補償〉（Compensation）是他更有名的〈自立〉（Self-Reliance）一文姊妹作，該文擔保「未能令我們屈膝的邪惡，都是我們的恩人。」尼采耗費他大半生，試圖將此一訊息內化於心，一再地發出回響，最有名的是《偶像的黃昏》。「殺不死我的，」他宣稱，「使我更強大。」

我知道，他寫這些文字（以及該書其他篇章），是在錫爾斯瑪利亞工作到精神失常的某個星期。探查過施普呂根之後，我會再回那兒去。說不定我可以用走的。我的運動鞋和拖鞋都帶來了，頂多二十五英里。

▲

公路和鐵路本應以最短可能距離連結兩點，但在山裡，路繞過山腳、絕壁曲折迂迴——真正走直線的唯一時刻是在隧道裡，道路於此刺穿山顏。我透過火車窗向下望，我們正接近施普呂根，並在當地首府庫爾這座城鎮停留一會兒。那兒，我想像著，有著尼采走過的道路，只是一條從花崗岩中挖出來的碎石窄路，消逝於下一座山峰左近。路極美，且暗藏危機。路旁有幾英尺寬的路肩和一道護欄，再過去就直落似有一千英尺以上。護欄是最近加裝的。尼采來到山裡，踩踏在空無的邊緣。

我們進入一處高山谷地，比新英格蘭大多數的山還高，是我第一次欣賞阿爾卑斯山的莊嚴。如果說尼采式悲劇之美能以地景來揣摩，那就是這兒了：古雅別緻、秩序井然的瑞士村莊，點綴在寬闊、綠草如茵的谷底，山谷則由緩而急地轉為聳入雲霄的岩冰之牆。兩種極端以完美和諧融為一體。

「我輕鬆登鄉村小路而上，」尼采在他特意短暫停留庫爾期間如此描寫，「萬物在我眼前入眠……我身後的美景，則是不斷變化、不停擴延的景致。」搭火車前往施普呂根之前四處看看，我想，攀登入山之於他，可能沒那麼輕鬆。像這樣的健行沒多大意思——尤其是對一個自豪於兩地間移動方式越來越不痛苦的文化而言。尼采有一個詞形容這樣的文化：**墮落**（decadent）。這個字源出拉丁文dēcadēre，「脫落」——取其脫離常軌之義。

依尼采和愛默生之見，現代性已經脫離了生命的節奏，與曾經賦予人類存在以活力的根本脈動搭不上調子。動物天性愛玩、愛比快、愛攀爬——消耗能量、嗜嘗力量。但在我們努力變得文明且敬神的過程中，尼采一貫認為，我們現代人想盡辦法要殺除或圈禁我們內在的那隻動物。在基督教與資本主義推波助瀾下，人類這種動物得到了變軟弱的許可。人們「去上工」時，很少是為了運用自由意志的喜悅，為了日後的薪資支票倒是真的。生命不再活得滿腔熱情——只是拖日子。

尼采逃遁山中的原因很多。他病了——苦於日後將折磨他後半生的反胃作嘔、頭痛及眼疾——而且他需要更多時間來寫作。他在尋找新的體驗，更深刻、更崇高的。但他在巴塞爾也不再受到全體一致的歡迎。在語言學社群裡，《悲劇的誕生》在一八七二年的出版，已經造成字義派（literalist）和存在主義派（existentialist）的裂痕。字義派主張，研究語言起源的重點就在「求其正解」——克服詮釋的極限，以求掌握和古人之理解相同的字詞意義。尼采和一小群存在主義派語言學家主張，這種知識上的時光旅行是時代錯亂，而且也毫無可能性——「語言學家的任務是借徑古典世界，而對自己的時代有更好的理解。」歷史研究的重點在於豐富此刻的體驗。此一聲言出現在尼采題之為〈我輩語言學家〉（We Philologists）這篇未完成的論文中，而此文未加發表，至少有部分是因為《悲劇的誕生》已經引爆的爭論。此書一發表，里奇爾（Friedrich Ritschl），尼采長期以來的導師、也是字義派傳統的領袖，突然對他最為看好的學生發動攻訐。

照里奇爾的說法，尼采有兩種面向：出色、嚴謹的學者，可以理解最糾結難解、最令人困惑的希臘文章句，以及「誇大幻想、聰明過頭」的瘋子，「深入不可理解之境」。尼采的戴奧尼索斯精神，使他在巴塞爾知識菁英陳穩持重的圈子裡交遊不廣。針對《悲劇的誕生》所做的評論極為猛烈，其中一篇甚至出自他最親近的朋友。這位前途似錦的年輕學者，以他一位知名導師的話來說，「當真是他挑什麼來做都行，」突然成了學術界的棄兒。因此，在一八七二年九月，他前往施普呂根，那是一場他在幾年後將認真著手進行的山中生活實驗。「當我們接近施普呂根，」尼采寫信給他母親，「我心中突然滿是留在此地的渴望……這個阿爾卑斯高山谷地……正是我所想望的。有空氣純淨的強烈陣風、山丘與各種形狀的巨石，還有，環繞這一切，白雪覆頂的壯偉群山。但最令我開心的是那些優美的公路，我在那上頭走了好幾個小時。」尼采抵達施普呂根，在城郊一棟小旅店落腳安居。如果他在巴塞爾既是名人、也是棄兒，他在此地就是個陌生人，村民待他也是如此。尼采給他母親的信裡寫道，他享受匿名的自由。「現在我知道一處僻靜的角落，」他寫道，「我可以在那兒獲取力量、用新鮮的能量來工作，並且過著無人陪伴的生活。在這個地方，人類似乎有如幻影。」

我在五小時旅程之後下火車時，不得不同意：人類存在如蜉蝣般的短暫，與這片大地的堅實成了醒目的對比。人們悄然下了車，動身前往他們窩居山丘之中的小小房舍。我自己一個人留在車站裡，上氣不接下氣地吸著稀薄的空氣，好奇自己將在何處度過這夜晚。但此時只不過下午三點，而群山招手召喚。腳上穿著啪搭啪搭的拖鞋，三十磅重行囊在我背上，我出發踏上我的阿爾卑斯山初旅。

我沿著一條古代的騾子小徑走，這條小徑從施普呂根市中心通向山丘。小而不張揚的標誌指示這條路通往依諏拉，三十英里外義大利邊界上的村落。我只是要短程健行，夜幕落下前就回來。步行是最正面肯定生命的人類活動之一，是我們組織空間並導引自己面向廣大世界的方式。活生生地證明一個人確實可以藉由重複進行的動作——把一隻腳放在另一隻腳前面——達致有意義的進步。父母親歡慶他們的孩子踏出第一步——自主獨立最初、或許也是最大的徵兆——並非偶然。

小路相當平坦，甚至偶有卵石鋪道，我快步走完。步行有實用和生理上的益處，但對藝術家和尼采這類思想家來說，也與創作和哲學思考關係密切。任思緒漫遊、才思敏捷、獲致結論——這並非單純的修辭技巧，而是反映出一種只能在移動中做到的心靈開放。用十八世紀哲學家盧梭（Jean-Jacques Rousseau）[5]的話來說：「我只在走路時做事，鄉間就是我的書房。」哲學史大致上就是思想變遷史。當然，有許多哲學家為了寫作而休息，但這頂多是棲息，是在掠過之地上略做標記。佛陀、蘇格拉底、亞里斯多德、斯托葛學派、耶穌、康德（Immanuel Kant）[6]、盧梭（Henry David Thoreau）[7]、梭羅——這些思想家從不停駐很久。其中有幾位真正迷上步行的，他們明白，漫遊終將通往他處：通往真正的徒步旅行。這是尼

---

5 一七一二～一七七八，啟蒙時代哲學家、政治理論家和作曲家。其《社會契約論》中所論述的人民主權及民主政治哲學思想，影響啟蒙運動、法國大革命，以至現代政治、哲學，還有教育思想。

6 一七二四～一八〇四，德國古典哲學創始人，其學說深深影響近代西方哲學，並開啟了德國唯心論和康德義務論等諸多流派，並影響後世，造就了新康德主義。

7 一八一七～一八六二，美國作家、詩人、哲學家、廢奴主義者、超驗主義者。最著名的作品有散文集《湖濱散記》和《公民不服從》。

采在阿爾卑斯山的發現。

三十歲那年，他身體還很強壯，還能夢想著登臨高處：「爬到和歷來所有思想家曾爬過的一樣高，置身純淨冰冷的阿爾卑斯空氣之中，那兒沒有霧氣升起遮蔽事物，那兒的事物以粗獷的石刻風格展現其整體構造，卻帶有最高的知性！」徒步旅行和大多數的活動不一樣，這種活兒自有其立即的回報，而且惹人討厭的部分往往最為有益。乳酸在你的股四頭肌和小腿累積而隱隱作痛，一點一點地提醒你，肉身——**你的**肉身——依然活跳跳。怪的是，人們對於疼痛的控制帶有正面肯定的意味：你能撐到下一座山頭、下一處岩床露頭嗎？生命往往是或痛苦、或麻煩，但至少，徒步旅行者可以決定自己該如何受苦。

往依諏拉「健行」了四英里，我沾滿汗水的拖鞋滑脫，人往後倒，腳跟上的皮膚撕破大半。我一跛一跛回到施普呂根，偷偷摸摸溜進城郊一棟穀倉，攤開我的睡墊，躺下來準備過夜。明天我得給自己包紮包紮，繼續進行我對反基督的探索。我安慰自己，對尼采來說，重點不在於避免、甚或是克服苦痛：和之前這麼多的哲學家一樣，他明白，苦痛是人類存在的基本事實。但以苦修回應苦痛，是把苦痛理解成對於生命的抱怨。我所面對的挑戰——尼采提出的挑戰——是擁抱生命及其所有的苦痛。當他在其事業生涯的最終點寫下：「有人了解我嗎？戴奧尼索斯對上十字架受難者，」他打算證明苦痛並非如我們所體驗那般否定生命，反倒必須一如我們歡迎並擁抱快樂那般，同等地歡迎、擁抱。其實，從尼采的語氣聽來，快樂似乎頂多只能算是一種次級的目標。在《查拉圖斯特拉如是說》一書中，尼采筆下最出名的人物，在山中度過一生之後，得出了結論：「快樂？我為何要為快樂而奮鬥？我為我的事工而奮鬥。」

我花了兩星期在施普呂根周邊群山，讓自己熟悉移動之樂與靜止不動之不適。白日光耀而流逝，黑夜長留永在。無聊、單調、日曬——我一停下腳步，這些全都撲了上來。我本該累癱了，但沒有。我只期待太陽升起，這樣我就能再上路。「所有真正偉大的思想，」尼采在《偶像的黃昏》一書中指點他的讀者，「都是在行走時構思的。」對一個年輕的哲學學生來說，其間的關聯性很簡單：走越多，越好。阿爾卑斯山中那些費時費力的小路，多半根本就不是路，只是地上的磨痕和錯置的石子所標幟的模糊暗示。從這兒或有可能理解行走隱而不顯的本質——往哪去、怎麼去，全都由你決定。「走在自己道路上的每一個靈魂，」愛默生在他的演講稿〈智能的自然史〉（Natural History of the Intellect）中寫道，「都走得堅定，從而令其他所有靈魂驚訝，他們看不見他的道路。」此其中有一種令人害怕的自由，而且如我所發現，站穩腳跟並非易事。然而，你一旦開始徒步旅行，要完完全全停下來休息是極其困難的。

事後來看，我知道我本該對群山更加恐懼。但在施普呂根周邊健行幾日之後，我反而打算要征服群山。如果烏鴉從施普呂根直線飛到錫爾斯瑪利亞這座小村落、尼采撰寫《查拉圖斯特拉如是說》之地，只有三十一英里遠。但烏鴉不會在施普呂根和錫爾斯瑪利亞之間飛。牠們繞著上哈爾布施泰因—阿爾卑斯山脈的最高點普拉塔峰飛。這座一萬一千一百二十九英尺的山，晴天時可以從飛行在兩百英里外的飛機上看到，但當你進入阿爾卑斯山麓地帶，這座真正怪獸級的山，卻被只能算是高山級的山給擋住了。我買了薄外套、頭燈和一支步行手杖，我認為這些就很夠把我弄到那兒去了。不過為了安全起見，我買了一個指南針和一張地圖，以確保我朝向正確方位——我計劃要開闢一條穿越山區的捷徑——還有一個睡袋，以防天氣變得有點冷。然後我步行、匍匐、攀爬了十五個小時，直直對著普拉塔而去，直直走進黑暗之中。

我之前從未在杳無人煙的山區露營過。太陽西沉於山背後，氣溫下降。我已經看得出來，這個夜晚不會只是有點冷而已。我幹嘛不待在那條該死的騾子小徑上？我加快步伐，尋找類似避難小屋的處所，但在這林線以上的高處，避難小屋少得可憐。最後，我在花崗岩面上找到一處凹陷——稱之為「洞穴」就有點誇大了——躺下來過了那個晚上。黑夜降臨了。我買了火柴，卻忘了沿路收集木材。

要冷靜：沒什麼好怕的。從早上開闢這條路線以來，我就沒看過其他人類。這意味著沒有人會發現我的遺體，但也意味著沒有人會趁夜殺害我。再加上，瑞士人不是一個殺人害命的民族，沒有什麼好怕的。唯一的生命跡象是偶然出現的土撥鼠，以及山下遠處斷斷續續的牛鈴聲。阿爾卑斯山也許有一百頭山貓，山谷裡的羊絕對夠讓牠們隨時吃飽撐著。狼和熊，我想，幾十年前就已經被清光了。沒有什麼好怕的。幾顆星星與我暫時為伴，但接著就消失在覆蓋群山的雲層之後。我終於如我經常猜想的那樣，完全孤獨。

來了：徹徹底底的黑——這個我所害怕的「什麼都沒有」。依尼采所言，一開始，人「被可怕的空無所包圍——他不知道如何合理化、說明、肯定自我；他為自身意義何在的問題所苦。」我打開頭燈，用最大電力照進黑夜。光線延伸、發散，然後消失。「從前從前，」尼采在《非關道德的真理與謊言》（*On Truth and Lies in a Nonmoral Sense*）一書中寫道，「在宇宙某個偏遠的角落……有一顆星球，星球上聰慧的野獸發明了認知……在自然界喘了幾口氣之後，這顆星球冷卻、凝結，聰慧的野獸只得死去。」工作得這麼努力、燃燒得如此明亮，然後毫無預警或解釋就被扼殺了——這就是尼采動身進入阿爾卑斯山時，在他心中縈繞不去的念頭。

我拚命鑽進睡袋裡，但風開始變大，我的耳朵和臉顫抖了起來。清晨來臨時，我還醒著。我幾乎記不起來是怎麼回到施普呂根，但我知道那花了我整整兩天。不知是凍傷或被風刮傷，我的耳垂留下了一道疤痕——疤痕現在還在，一直都是證明我確實走過那趟瘋狂旅程的唯一記號。

經過那一夜，再沒有什麼能令我害怕，而我渴望著深入與高度。一星期後，我步行加便車，走完施普呂根到錫爾斯瑪利亞五十英里——不是三十一英里——人車可通的路程，在尼采之家（Nietzsche-Haus）住了下來，這間旅宿是尼采在一八八〇年代的避暑之地，窩在山腳底古老冷杉的枝葉之下。尼采的《查拉圖斯特拉如是說》是一個山裡人的故事。「到了三十歲那年，」說故事的人解釋，「查拉圖斯特拉離開他的家和他家的湖，進了山。」但在寫下這幾行字的當時，尼采已經不當一回事地挑弄過絕對隔離的危險，且差一點就屈服了。查拉圖斯特拉是一個如假包換的隱士，但也暗自渴望同伴。如書中篇章所揭露，他在高山洞穴的荒野孤寂與山下城鎮秩序井然的生活之間來回穿梭。重點不在永久的逃避，而是在山巔吸一口新鮮空氣，才能在谷底城鎮的同伴之間生活下去。這並非易事，因為這意味著要在社會之中保留個人主義、與他人互動而不被群體吸收。

當然，十九歲那年，我不知道該如何練出這等絕技，只能選擇孤寂與空虛。

今天的尼采之家一樓是個展覽館，同時展出當代藝術品和尼采相關物品：他的死亡面具真品、相片，以及他在此停留期間所寫的信函。展覽館樓上是三間臥室，供來到錫爾斯瑪利亞尋求靈感的學者和藝術家賃居。以尼采與葛哈・里希特（Gerhard Richter）[8]畫作為題的小型學術討論會已經結束，住在尼采之家的與會者全走光了，所以房間任我挑選。想當然耳，我挑的是最靠近尼采居所的那間——尼采居所是一間原木板牆的臥室，有一張單人床、一張書桌和一盞寂寞的桌燈。日落時分，整棟房子，除了那盞燈，慢慢變暗。每天天剛黑時，我都待在尼采之家的大廳，冥想著身後牆上的里希特畫作：發出微光的骷髏頭照片上潑灑著顏料。「消亡於追求偉大與不可能」：這些字句在這些畫上縈繞不去。畫家追隨尼采，把錫爾斯當成家以外的家，而這就是他的發現。

8　一九三二～，德國視覺藝術家，作品包含抽象與照相寫實主義畫作、攝影及彩繪玻璃。被視為當代最重要的德國藝術家之一，多幅作品曾創下高額拍賣交易紀錄。

三十一個日子似長若短，而又悄悄溜走。我不吃不睡，長出一頭蓬鬆亂髮，褲子也鬆了。我的母親在我偶然有一回打電話給她時，從我的聲音聽出我「有點脫線」，那是喀爾文教友對於「完全瘋掉」的說法。她說的倒也不全然是錯。和尼采一起生活是會有此種效果。當你讓身體挨餓或工作過量，最後就會死亡，但在那之前，腎上腺爆發最後一波超人能量，最後一次圖求保命。在錫爾斯瑪利亞的最後一個星期，我對尼采以下宣言有了歷來最貼近的理解：「我不是人。我是炸藥。」一夜復一夜，完全清醒，甚至不再飢餓，我回到書桌前，回到我那本《查拉圖斯特拉》前。光兆初露時，我已經踏上尼采之家後面的小徑，盡我所能以己身證其道。

在這部哲學詩篇的某處，查拉圖斯特拉向生命提問：「我是獵人。你們是我的獵犬，或是我的獵物？（Ich bin der Jäger: willst du mein Hund, oder meine Gemse sein?）」這是一道我永遠回答不了的問題。Gemse通常理解為「獵物」，但更合乎字面的翻譯為「山羚」：奇特、善於逃脫的動物，也就是山羊，在我想像中仍然棲居在比錫爾斯瑪利亞還高的鄉間，以林線之上罕見、幾乎不存在的植物維生。牠們強壯、不喜群居，而且腳步穩健。一八八八年秋天，在他最後一次造訪錫爾斯瑪利亞期間，尼采在破曉前被吵醒，因為他的房東悄悄出了門，去陰翳的山丘上獵捕山羚。當時尼采正在反覆琢磨《偶像的黃昏》之著述，這是他最黑暗、最謎樣的書之一，他坦承：「誰曉得啊！說不定當時我也出去獵山羚了。」

我盡我所能地持續狩獵，徒勞無功地搜尋這些牧神潘恩（Pan）一般的生物：夜裡展書讀，日間匍匐向絕壁。有一半的我受到吸引，向著光耀輝煌的峰頂而去，向著妝點周遭山嶺的映射日光而去，但當白日過去，我開始感受到，先而模糊、隨而力道增長，一種只有在山裡才找得到的深沉魅惑。我學到一件事：有些最誇張的峰頂，正是觀看生命峽谷與裂口的最佳處所。探究尼采的一生——精力充沛且多產——也就是直面其一再想要脫逃的渴望。他活在揮之不去的死亡誘惑跟前。「我們沒有辦法，」尼采在《偶像的黃昏》中寫道，「預先阻止自己出生，但我們可以修正此一錯誤……那擺脫自己的人，表現出最令人敬佩的行止。」擺脫自己、掌控易逝之時光，確實有其可敬之處。令我恐懼的，是不知不覺地溜走、在我知曉之前離去。

絕食就是在管控生命、給它栓上一條短皮帶，以預先想好的精準，慢慢地擺脫自己。那是一種歹戲拖棚的自殺。在拖拖拉拉一陣子的八月某一天，在我生日的一個月前，我拿定主意：絕食會拖太久。我在尼采避暑別墅後面的岩石堆鋪排我的計畫。我可以更強力地絕食，但我已經知道那會產生無法預料的後果。我會昏迷，某位好心的撒瑪利人會送我去醫院，那兒會有其他好心的撒瑪利人給我吊點滴，體貼地建議我「放輕鬆點」後讓我出院。吞藥效果會比較好，但我什麼藥都沒有。在瑞士，買槍不是一個美國小孩的可選項目。割腕似乎是自我放縱又矯情，很像典型青少年會做的事。我曾在尼采之家一樓櫃子裡看到一條尼龍繩。汽油加火柴，也許可以。這似乎全部老套到不行，但理論上還是極具可行性。

很多人認為，自殺最令人害怕的部分是想到自殺不成功，而這樣的人多到令人意外。其結果似乎有益於生命，其行動卻是困難且非常冒險。我攀上柯爾瓦奇之巔時，看到一道可能合用的裂縫，但這個「可能」一直困擾著我。尼采待在阿爾卑斯山區期間，思索過這種虛無。他在寫《查拉圖斯特拉》時，以是否願意正面承受這些不被允許的可能性，來衡量一個人的力量：「他目視深淵，但以鷹之眼，他以鷹爪，擒抓深淵：他乃有勇之人。」這些是查拉圖斯特拉的話——充滿希望、滿滿的力量——不是尼采的。瀕臨這些危險時，尼采會堅定不移，卻也較為脆弱、較為人性。在《新約》中，空無被描述為怪物與惡魔居住之地；到了十三世紀，基督教神祕主義者開始把深淵構想成昇華神性的難解之祕。不管是什麼——惡魔或上帝——它就是在等著你。尼采堅稱：「若汝凝視深淵時久，深淵亦將凝視汝等。」

柯爾瓦奇峰上的裂口窄窄的，六英尺寬，底深可能有兩百五十英尺。在那兒的最後幾天，我睡在戶外，就睡在菲克斯山谷冰原上一塊巨石旁。我常常造訪我的深淵，把石子拋出崖邊，聽聲測深，依岩塊花多久時間撞碎在底下的巨石上，試著計算出精確的高度。一百英尺？兩百？我怎麼也算不出來。我要是頭先下去就行得通，否則會摔斷脊椎，永遠不能走路。更有可能的是，我會因為血慢慢流光而成功——但這不是我想要的那種方式。自尋痛苦是一回事，但死於某種笨拙的手法，似乎有違宗旨。所以我繼續等。但在我清醒時，那個念頭還是一直都在。

顯然，或許是幸好，我是臨陣退縮了。到了本應是我在錫爾斯瑪利亞的最後一夜，我崩潰了，吃了東西。我找路爬上尼采之家後方一處小高地，來到一幢大塊頭旅館，我一直覺得那是我所進去過最宏偉的建築之一。我還剩六百美元——斯巴達式生活所帶來的慷慨餽贈——其中一半以上拿去吃了晚餐。菜色很少——總共六種——但吃了三個小時，加起來就很多了。還有一直出現、麻痺我罪惡感與尷尬的小杯紅酒也是。那一夜要結束時，我成功逃出宏偉的大廳，沒有絆倒也沒有吐。我不是很確定我是怎麼辦到的。回到尼采之家，在此刻溫暖又令人心動的隱密中安頓妥當，我終於睡著了。睡了又睡——醒來時都快中午了。我錯過了往杜林的巴士，但某種程度上，我鬆了一口氣。「同伴，是我所需要的，」查拉圖斯特拉承認，「而且是活的——不是隨我帶去哪裡都行的死同伴或屍體。但我需要的是，因為想要追隨自己而追隨我的活同伴——並前往我想去之地。」或許，我下次該去杜林。而下次，我不會孤身而來。

第二章

不離不棄的同伴

一個男人的成熟——
在於再次找回他在孩童期玩耍時的認真。

——尼采，《超越善與惡》，一八八六年

「爸拔，你的耳朵怎麼了？」時間是十七年後，我幫三歲女兒洗澡洗到終點在望了。她近來變得對瘀青、抓傷、疤痕——往日舊傷之作——很著迷，而我耳朵上的痕跡已經褪色，但顯然還沒完全消失。兩隻溼答答的手抓著我的脖子，把我的臉往下拉到她的眼前。她的嘴巴離我臉頰一英寸，近到不可能迴避她的問題，蓓卡刻意慢慢地，把自己的話再說一遍：「爸拔，**發生**什麼事？」

從來沒有人問過，我基於諸多理由，也從未提過此事。尼采在《查拉圖斯特拉》一書中闡釋，孩童說出「神聖的我要」（sacred Yes），這是處處受限的成年生活中少有的允許時刻。對一個孩子來說，沒有禁忌問題這回事。所以，我盡可能誠實、快速地回答：爸拔去健行，去一個叫作瑞士的地方；有一天晚上，他在一座山裡睡覺，他的耳朵變得非常、非常冷。她當然想知道為什麼她的父親沒有蓋條毯子或戴頂帽子，就在我要解釋時，卡蘿，就是蓓卡的母親，探頭進浴室，使我免於給我們還在學步的孩子留下永久的傷疤。「這是個有趣的故事，爸拔，」卡蘿下了評語，「你何不說個**不一樣**的故事呢？」我用毛巾把蓓卡包起來，抱出浴室、送進小孩房，但在走道上與卡蘿擦身而過時，她允許我回想通常會迴避的記憶。「聽起來是趟滿不錯的旅程，」她悄聲說，「我們應該舊地重遊。」

我已經找到同伴，而且終於走到為人父母的階段。就和許多哲學家一樣，這是一趟艱辛的路程：走過一段最終以離婚收場的十年婚姻關係，走過突如其來、在我大多數親朋好友心目中不堪一提的再婚，一路走到麻州總醫院的產房，我在那兒遇見一個弱小無助、成為我們最親密同伴的陌生人。此刻走到了這間小孩房，做了一個抉擇，帶我回到了無子無女的尼采。

依卡蘿的建議，那年春天我開了一門尼采研討課，讓我自己和我的學生埋首於尼采的文本中。我已經好多年沒再讀這些書了，我的同事們很驚訝我想教這門課，但我真正想做的，是好好思考在阿爾卑斯山過一個夏天可能代表什麼意義。卡蘿開玩笑說，幸好我是人文學者，不是社會科學家，否則這門課絕對過不了倫理審查委員會這一關——倫理審查委員會是要保護研究計畫中的人類受試者。我得承認，這有點魯莽。「我從一名哲學家身上得到的益處，只在於他可以當作一個例子。」如果尼采這個說法是對的，我們如何能夠從他身上得到益處？他怎樣才能充當一個例子？這是我在課程一開始就提出的問題。

「我一直都很快樂，」我有一個學生在學期過半時告訴我，「於是我開始讀尼采。」但我們一直讀下去，而且我教書九年，第一次沒有半個學生退選。大部分的學生都不到二十歲，所以我就從這裡開始：尼采是在萊比錫長成為青年，在一間今天會被當成是研究所的學校裡。「我哥哥在他學生時期所完成的工作量，」他的妹妹伊莉莎白（Elisabeth）回想，「真的有點近乎不可思議。」他在這裡開始他語言學家的生涯，從解讀希臘歷史學家第歐根尼（Diogenes Laertius）的《名哲列傳》（*Lives of Eminent Philosophers*）入手。尼采畢業時提出他那篇以此為主題的獲獎論文，裡頭一句出自品達（Pindar）[1]的名言，將成為他此生研究工作的基石：「成為你自己。」

他在萊比錫的時期，照伊莉莎白的描述，她這位日後將苦於偏頭痛以致失能的哥哥，就像是一頭「不知頭痛或消化不良為何物」的「熊」。熊是強壯——但也孤獨——的生物，而尼采將他大學生時期最後的時光用於使孤獨的技藝臻至完美。他在日記中寫道，他在萊比錫的街道遊蕩，在擺盪於焦慮與沮喪之間的思緒中迷失。在其中一趟出行中，他遇見了叔本華（Arthur Schopenhauer）[2]的作品。「我碰巧靠近二手書商隆恩的店，」尼采記載，「我拿起了《意志與表象的世界》（*The World as Will and Idea*）[3]……我不知道是哪個惡魔建議我把這本書帶回家。」但他採納了建議，並「臣服於這位憂鬱的天才腳下」。成為你自己之意，至少在一開始，是成為深陷沮喪之中。

這些年來，我就當忘了尼采對叔本華這個「憂鬱的天才」的著迷，叔本華的富商父親與美麗母親幸福得足以讓孩子們在**上流布爾喬亞階級**中成長。叔本華小時候，他們家周遊各國，尤其是英國和法國，為了生意也為了玩樂。然而，他的父親儘管事業極為成功，卻從未真正快樂。叔本華十七歲那年，他父親落水（更有可能是投水）而死。我開始回想起我為什麼忘了。

尼采後來也懂了，失去雙親之一，對孩子是終其一生的震盪。起初，叔本華投身商業與貿易，以此方式延續其父遺緒，至少是以之為榮。如果尼采是「小牧師」，十幾歲的叔本華就是「小資本家」。但兩年後，叔本華漸漸對家族事業生厭，發現得到財富無法填補父親突然離世後洞開的存在虛空（existential vacuum）。叔本華的情緒變得陰鬱；他的情緒擺盪變得

---

1 西元前五一八～西元前四三八，古希臘抒情詩人，被認為是九大抒情詩人之首。曾寫過十七卷詩，只傳下四卷，其詩風格莊重，詞藻華麗，形式完美。其合唱歌對後世歐洲文學有重大影響，在十七世紀古典主義時期被認為是「崇高的頌歌」典範。

2 一七八八～一八六〇，德國哲學家，其哲學是柏拉圖的觀念論、康德的認識論、吠陀的汎神論及厭世觀四者結合。其學說思想深獲十九世紀末葉許多大思想家、大文學家如尼采、托爾斯泰、湯馬斯．曼、齊克果等人共鳴，想對近代的學術界、文化界影響極為深遠。

3 本書另一英譯書名為*The World as Will and Representation*，德文書名為*Die Welt als Wille und Vorstellung*。

更嚴重，而且一直沒有改善。他原本可以追隨父親步上容易走的死路，但他和尼采一樣，就像許多無父之子，反而決定投向哲學諸父的懷抱。他繼承了為數不少的錢，做了靈活投資；家族的世俗財富，最終讓叔本華得以成為一位思想家。

我常以為，哲學在尼采和叔本華身上有一種弔詭的效果：哲學讓他們與生命和解，卻使他們幾乎不可能與他人共同生活。他們在十九世紀中葉所發展出來的悲觀主義，源自他們在童年時期所產生的信念：人類的存在是無可避免的邪惡。他們不願否認或掩飾世界的苦難。如果生命有任何意義，必然要在苦難中發現。叔本華在一八五〇年寫道：「除非**苦難**是生命直接且立即之目的，否則我們的存在必定完全無法達成其意圖。將世界各地所在多有且源自與生命本身不可分之需求及必要性的大量苦痛，看成是毫無目的且僅為巧合之結果，是荒謬的。」要麼苦痛是生命的意義，不然就是生命沒有意義。

或許這聽起來太過淒涼，但呼應叔本華的尼采相信，大多數人試圖用以減輕痛苦的方法，最終只是加深痛苦而已。典型的逃避方法——食物、金錢、權力、性——短暫到令人痛苦。生命只有一個方向，就是走進越來越陡峭的衰退。所有還活著的存有皆是如此，但人類有回憶和先見之明的獨特力量，所以，與純為野獸不同之處，在於他們能夠重新體會生命之駭怖，並清楚預見他們不當其時的消亡。當然，人類可以找些辦法來轉移注意——政治、教育、宗教和家庭生活——但這些辦法對於緩和生而為人的痛苦後果，其效極微。這些人際關係和制度，一如在其背後支撐的生命本身，脆弱且不可倚靠。

叔本華的母親尤漢娜覺得他的哲學悲觀主義與生活全然不協調，或至少與她的生活不協調。他這個人和他的哲學一樣難對付，容易長期沮喪又突然怒氣大發。他曾經攻擊一名婦女，造成體傷（她在他門外講話太大聲），為此付了二十年的賠償。當時叔本華二十六歲，尤漢娜寫信給兒子，告訴他顯而易見的事實——他很難搞。她描述了他在朋友圈中造成的負面效應，建議他搬得離她遠遠的。他照辦了，他們從此不再相見。她在二十四年後過世。與他母親形同陌路之後，叔本華孤單度過人生中剩下的四十六年，累積起光棍隱士的名聲。這意思不是說他對愛情完全陌生。他與歌手卡洛琳・李希特（Caroline Richter）有過一段熾烈、激盪的風流韻事，而由於她追求者眾，加上叔本華對於持久的親密關係有長年（且可以理解？）的不安全感，因此兩人的感情始終沒有開花結果成為長期穩定的關係，並不令人意外。「婚姻，」叔本華告訴我們，「意味著蒙住眼睛把手伸進袋子裡，冀望從一窩蛇裡找出一條鰻魚來。」

尼采在叔本華身上看到的，是他自己。「每一行，我都聽到拒絕、否認和放棄，」他筆下提到叔本華的著作時這樣寫道，「我在書中看到一面鏡子，世界、生命本身和我自己的靈魂，全都以令人驚駭的真實映照出來。」當日耳曼尼亞讀書會的其他男孩到了年紀、成了婚，尼采在萊比錫還是孤家寡人，之後在巴塞爾只和他的工作結親。在他們交情正好的時候，華格納從尼采的心理不平衡摸索出一個根源起因：你的生命中「似乎缺少了一名年輕女子」，作曲家有此觀察。這不全然正確，但一直在尋覓合適夥伴的尼采，是還沒找到這樣的女子。

有幾件事我沒有和我的學生分享——像是尼采在愛這方面的障礙如何感染到哲學的學術。我第一任妻子和我是在大學認識，在一場歐洲存在主義的研討會上，在我對尼采最狂熱的當口。當時她正在寫她的論文，主題是丹麥哲學家齊克果（Søren Kierkegaard）及其「間接溝通」（indirect communication）之法。這是一種令人抓狂的微妙策略，在蘇格拉底手上臻於極致的知性巧技，訊息藉由作者得以迴避文責的方式表達出來（這就是為什麼齊克果有這麼多書是匿名撰寫）。這其中應當是有某種教學上的功能，讓師長授業而不成為偶像、學生學習而不成為附從。這在理論上聽起來幾乎就是尼采式的——我知道，事後來看也是——但當時我認為這是被動攻擊與不良信念的混合體，與存在主義式自由（existential freedom）背道而馳。她和我以哲學家才做得到的方式進行爭論：沒完沒了、剖心相見，近乎情欲之激烈。而正是這一點，把我們帶進了婚姻。

說到羅曼史，齊克果的運氣只比尼采稍稍好一點。這個丹麥人和一個美麗知性的女人蕾姬娜．歐爾森（Regine Olson）訂婚，但到了婚期接近時，齊克果改變主意，認定他的憂鬱症使他不適合長期的結合關係。我的妻子和我當初也該做出這種決定。我們沒有，而是在賓州中部一間小教堂結了婚。我們結婚頭幾年，到了某個時間點，大概純粹是因為沒力了，兩個人都不再讀我們那些存在主義作家，開始研究比較合乎心理學和人際關係健康的學術主題。她從齊克果轉向婚姻與家庭治療的博士論文計畫，而我把尼采拋在腦後，擁戴美國哲學，尤其是愛默生和梭羅。然而，傷害早已造成。所以，依照我們極少有的明智協議之一，決定各奔前程：她嫁給一名轟炸機駕駛員，我只能期盼他不讀齊克果，而我娶了卡蘿，一位厭惡尼采的哲學家。

卡蘿是康德派，而康德通常被視為德國哲學家的同義詞，但尼采稱他為「災難性的蜘蛛」——織出觀念論之網的體系創建者，而這張網纏住了太多的優秀思想家。康德體現了秩序、和諧、理性、尤其是義務等啟蒙理想——這些是尼采耗費他全部人生、試圖加以拆解的哲學概念。康德感興趣的是自我控制，但那是一種精準、不帶激情的控制，尼采宣稱這種控制與基督教虔誠和自我犧牲的觀念完美契合。康德不是會去徒步旅行或極端絕食的那種人。他散步是有分寸、反覆進行的，是從不冒險超過家鄉柯尼施堡城牆的每日健走。據說城裡的人是按照康德有名的哲學家散步來給他們的鐘錶對時。這種受限制的巡行勘查，是尼采無法想像的——這是心靈便祕的明確徵兆。他在《反基督》一書中對康德有所描述，他寫道：

> 有著基督教教條式內臟的虛無論者（康德）認為，愉悅是一種**異議**。還有什麼能比缺乏任何內在必然性、缺乏任何個人深刻抉擇、缺乏愉悅地工作、思考和感受——就像一部「義務」的自動機器——更快速地毀滅我們？這正是頹廢、甚至是愚痴的絕佳妙方。康德已經成了一個白痴。

卡蘿完全不贊同。她受到康德的信念吸引：自由是因應我們的理性能力而生，而非反覆無常的激情，這種激情控制了浪漫主義者，以及尼采這類尋求延續浪漫主義遺緒的思想家。依康德之見，情緒常藉由容許個體混淆道德律令與個人偏好，把這些個體引入歧途。當個體受其激情驅使，往往輕忽其道德義務並採取非理性行動。卡蘿認為尼采是一個四處劫掠的蠢蛋，或至少是可悲地受到誤導。

我遇見卡蘿時，已經差不多快要擺脫尼采了。我幾乎是費了九牛二虎之力，才把自己從徒步旅行和絕食的耽溺中拉出來，轉而擁抱一種嘗試在自我決定與道德責任之間取得平衡的美國哲學。此種哲學焦距的轉移，是一種改變自我的決定，或是嘗試。美國哲學家——愛默生、詹姆士（William James）[4]、羅伊斯（Josiah Royce）[5]——延續了知性漫遊的傳統，並登上新英格蘭群山，以尋求靈感與專注。但他們通常會結伴健行——和能夠分享其哲學計畫的同類知性靈魂一起。在他們的協助下，我慢慢地、躊躇蹣跚地學會與他人一起悠閒散步。

當人們花時間閱讀——並愛上——特定哲學家，他會漸漸開始將客觀事實的世界，與理想及信念的想像世界混同起來。這是閱讀哲學的真正樂趣之一——是危險，但也是救贖的可能。將尼采的狂躁拋諸腦後，轉向美國思想家、甚至是康德那種比較有分寸的溫情，我慢慢找到一種生活的方式，並在克服若干困難之後，找到一種愛的方式。我因此快樂許多，甚至寫了一本書談美國哲學的救贖效果，談愛好智慧如何讓兩個人在一起。但在那些靜謐的夜

4 一八四二～一九一〇，美國哲學家、心理學家。是十九世紀後半期的頂尖思想家，也是美國歷史上最富影響力的哲學家之一，被譽為「美國心理學之父」。

5 一八五五～一九一六，美國客觀唯心主義哲學家和美國唯心主義創始人。

裡，在教授一天的尼采之後，那一座座高山之巔，又再次地，開始召喚。

尼采這個品種的思想家，至少從刻板印象中，是非常認真、陽剛氣質的卡通形象，是規則破壞者、懷疑論者，用愛默生的話來說，就是「不從眾的人」。我應當是太老而不適合這一套吧。年近四十，要追隨這位哲學上的反偶像崇拜者，有潛在的代價得付。卡蘿邀約重遊瑞士，考量到當地的歷史，算是勇氣可嘉，但與她一起重遊阿爾卑斯山的這個念頭，引發令人恐懼的不祥預感：一名正值知性多產期的男人，在生產力瘋狂噴發之際，真正的、或更有可能是想像的偉大即將到來的當口，毀了他的婚姻關係——也差一點毀了他自己。尼采的阿爾卑斯山有不可思議的能力，可以升高或加深任何的上揚或衰退。我還記得他在一八八三年三月說的話，在他切斷與親朋好友的聯繫，並第二次逃遁錫爾斯瑪利亞之後：「我對一切都失去了興趣……我覺如此的不完整，如此難以言喻地意識到我整個創造性生命已經被搞砸、糟蹋了。」並在三個月後瀕臨自殺邊緣：「我現在的工作就像一個人『在出門前整頓他的房子』。」

青少年時期，我珍視這位陷於悲慘境地的難友所說的話，但如今，屆三十六歲之年，這些話只會令我驚駭。如果卡蘿和我追隨尼采再次入山，然後滑跤或跳崖，而現在的我們有了不想失去的物事：我們的女兒蓓卡、我們喜愛的學生、兩分不可多得的哲學工作、一幢離華頓湖幾步遠的農舍、我們的健康、同行的些許尊敬、我們彼此，以及享受這一切的時光。此時此刻，入山之旅不啻為忘恩負義之舉。

然而，我的思緒一直受到我長久以來所漠視的哲學隱士吸引。尼采，這位資深單身漢，相信婚姻可能有兩種截然不同的形式。依他所言，婚姻可能只是「一樁長期愚行」，兩個絕望的人以傳統生活的所有外在虛飾來掩蓋他們的貧乏。「啊，這種成雙成對的靈魂淫行！」尼采叫喊著，「啊，這種成雙成對的可悲圓滿！」她願意和我一起徒步旅行——一起冒險——是堅守此一承諾的一種方式。依尼采之見，婚姻可能是苟延殘喘的錯誤，但也可能別有體現，一種更高的體現：「兩人以創造超乎兩名創造者之一人為其意志。對彼此的虔敬，如同對以此等意志為意志者的虔敬，我（尼采）名之曰婚姻。」這是我們可以在群山之中尋找的物事之一。卡蘿或許一直都認為尼采是個白痴，但我曾經崇拜過他，這令她很在意。她很好奇：她想要去了解。

我聯繫錫爾斯瑪利亞的尼采之家，管理人向我保證有房間——最靠近尼采居所的那間——我年輕時的那間原木板牆臥室。我回想起那低矮天花板及沒有裝飾的牆，夜晚時分似乎從四面八方迫近訪客。卡蘿和我可以將就窄小的房間。我花了一個月研究怎麼買票和規劃路線，但這樣的計畫還是漏掉了一件事——或者應該說是一個人。尼采可以在歐洲各地一口氣旅行個幾星期，自己一個人，有時帶著一個朋友。但尼采並非為人父者。

已經決定了：蓓卡也會來。畢竟，想知道我耳朵發生什麼事的人是她。如果蓓卡來了，我們就不能住在尼采之家；讓卡蘿被那兒令人毛骨悚然的房間嚇壞是一回事，但硬要一個四歲大的小孩面對生命中可怕的真實，那就完全不一樣了。我們會保留那幢展覽館兼旅館的訂房（當我受到感召時可以睡在那兒），然後露營一整個月，但我們需要訂好備用住宿。只有一個地方是我想住的：尼采之家後面山上的那間旅館，我在錫爾斯瑪利亞最後一晚用餐的地方。

我十九歲時並不知道，或是沒注意、不在意，但那棟旅館是有名號的，一個著名的名號：錫爾斯森林之屋（Das Waldhaus Sils）[6]。這位旅館界德高望重的女士——「森林之屋」——已經吸引長達一世紀之久的尼采朝聖客：湯瑪斯．曼（Thomas Mann）[7]、阿多諾（Theodor Adorno）[8]、榮格（Carl Jung）[9]、普理莫．雷維（Primo Levi）[10]，以及我最最喜歡的赫曼．赫塞（Hermann Hesse）[11]。不誇張地講，這是後尼采哲學的誕生地，進行哲學家英雄（philosopher-hero）思想實驗的空間。湯瑪斯．曼、阿多諾和赫塞都曾在這間旅館待上好幾個月，有時是好幾年。尼采之家的簡樸和森林之屋的奢華，我並非未注意到兩者之間刺耳的不合拍，而且對於訂房的決定有點三心二意。但不知怎的，所有事情，就連這深層的矛盾，都感覺很對味。這給了我一個理由重讀赫塞的《荒野之狼》（*Steppenwolf*），這是關於一個男人天性分歧的故事，一本我向來視為最貼近尼采的傳記之書。

6 或稱沃德山莊。
7 一八七五～一九五五，德國作家，一九二九年獲得諾貝爾文學獎。
8 一九〇三～一九六九，德國社會學家，同時也是哲學家、音樂家與作曲家。
9 一八七五～一九六一，瑞士心理學家、精神科醫師，分析心理學的創始者。
10 一九一九～一九八七，猶太裔義大利化學家、小說家。
11 一八七七～一九六二，德國詩人、小說家，一九四六年獲得諾貝爾文學獎。

第三章

最後之人

人是一條被汙染的河。
人必須是海，接納被汙染的河而不受玷汙。

——尼采，《查拉圖斯特拉如是說》，一八八三年

我們一家將追隨尼采入山，但首先我們得面對機場和橫越大西洋的飛行，我知道這會是旅程中最冗長無聊的一段。尼采因其山嶺哲學而聞名，但他的思想家生命並非始於山嶺之高，而在於面對現代文明使人弱化的力量。他的查拉圖斯特拉解釋，要成為人上人，最大的阻礙是他所謂的「最後之人」（Last Man），這個形象代表著死氣沉沉的現代效率。人上人是未來的理想，是人類最終所能渴望的理想。但最後之人擋住了去路，而在那個悶熱的八月夜晚，我幾乎可以確定這最後之人打造了羅根國際機場的低地，而今在此盤據。

今天，來自羅根機場跑道的燈光完全遮蔽了星空，飛機的噪音使得專注近乎不可能。二十世紀前半的機場建設，包括將二千三百八十四英畝、分隔波士頓與大西洋的溼地剷平、鋪妥。當時有一些住在海岸平原、與世無涉的自由人，躺在要把沙子載走的砂石車前表達抗議。當然，這些自由人被警方載走了。命令繼續執行，海灘推平讓路給六條跑道、供一年三千萬名旅客之用。當我們抵達時，他們似乎全都在機場裡。

當年跨大西洋之旅初興，世界依然廣大。膽敢橫越大西洋的旅客染病死亡的可能性，和安全抵達預定目的地的可能性一樣高。但今天，「地球已經變小，」尼采寫道，「在上頭蹦蹦跳跳的是最後之人。」依查拉圖斯特拉所言，最後之人視安全與舒適為幸福之根源。生命——就像紅眼班機——應當盡可能平穩且不痛苦。「『我們發明了喜悅！』最後之人大叫著。他還眨了眨眼。」尼采在巴塞爾的時光讓他知曉此種圓滿有其弱化且人為之處，而我環顧羅根機場時突然想到，打從他遁逃錫爾斯瑪利亞以來的一百五十年，這一點沒什麼改變。很少人記得，其實尼采曾對我們這個國家寄予厚望：他認為，美國是個人主義與自由或許真能落地生根之所在。關於這一點，他並非全然正確。

我們踏上機場航廈的電走道，它載著我們經過一整排看不到盡頭的小吃店，把我們放在可以讓旅客購買必需品的購物中心入口：充氣式頸枕、電毯、手機充電器。尼采的著作無處得見。

顯然，在上個世紀的某個時候，美國已經追隨歐洲，把美和冒險換成了舒適與便利。然而，尼采相信，像這樣耽溺於維持某種看似健康的外在，全然不是真正的健康。與羅馬歷史學家、哲學家塔西圖斯（Tacitus）意見一致的尼采寫道：「醫生在照料人的身體時，對於只靠擔憂自身健康來保持良好狀態的病人，沒什麼讚美的話可說。不生病沒什麼了不起……如果他身上只有身體健全令你讚賞，那他與有病之人真的只有一牆之隔。」依尼采所言，健康有兩種形態：想盡辦法要遏阻死亡的無效型，以及擁抱生命、不在乎生命之過與不及的肯定型。

到他年屆三十之年，尼采都還在與身上一大堆的病痛搏鬥。他在普法戰爭擔任醫護兵時染上了白喉病、痢疾，以及現在我們所謂的後創傷壓力症候群，因此在一八七〇年代花了很多時間探尋療方卻徒勞無功。然而，當巴塞爾的教授任期接近尾聲，尼采已經開始重新思考健康的意義。他回歸古希臘，主張他們非比尋常的驚人力量源自於agon——競爭所產生的衝突摩擦——和舒適一點關係都沒有。生病可能是人們終將屈從的制約條件，但也可能是一項以英雄氣概撐過去的試煉。依尼采所見，希臘人並不否認人類存在著苦難與限制，卻轉而尋求以藝術加以轉變。悲劇中的角色緊抓住苦難並視為己有——以這種方式宣告，則失敗與限制都變得有意義，事實上是變得光輝而有意義。人類的存在是殘酷、嚴苛，而且短暫得令人痛苦，但古希臘的悲劇英雄找到一種方式，讓苦難與突然告終的生命美麗，或是在美學上有意義。這就是尼采在《悲劇的誕生》中所要表達的意思，他主張人類的存在唯有作為一種美學體驗，才得以具備正當性。

美學體驗——體驗美與昇華的物事——往往被視為超乎現代哲學家的眼界。當科學革命的列車加速翻進了啟蒙年代，思想家便將理性與道德的理想擺在優先於其他一切的地位上。引導人們決定和行動的，是審慎、邏輯和理性的普世原則，而非任何對美麗生命的曖昧追求。相較之下，尼采相信，對美學體驗的追求，是緩解存在之駭怖的唯一方法。希臘人從美的最強悍那一面來理解美——將衝突摩擦及單調辛苦轉化為創造性及令人狂喜之物事的一種方法。對希臘人來說，沒有「為藝術而藝術」這種東西；重點在於最終看見生命的緊繃與矛盾——甚至是為人鄙視及醜惡的——一如人們在藝術作品中所領略的。

我瞄向航廈另一邊一家常見的運動酒吧裡眾多閃爍的螢幕。環法自由車大賽正如火如荼，騎士們正在阿爾卑斯山上，人人都以他們自己的雙腿加足馬力。撞車、脫水、肌腱撕裂、骨頭斷折：他們正在這山上謀害自己。而這是一種美的物事。在羅根機場，一群美國人聚在一起喝啤酒、吃漢堡、看比賽。我們的文化中還是有些許悲劇性奮戰的痕跡，但模糊不清。下重注的競賽活動被當成只是一場奇觀而已，而非日常生活中重要的一部分。我們擠進餐廳，幫蓓卡點了晚餐、喝了杯飲料，接著就任由時光過得盡可能開心、被騎士們橫越山巔低谷的二維影像逗樂，直到我們的起飛時間到來。

接下來一小時的行程中，我把《查拉圖斯特拉》掉在某個地方了。我著急地到酒吧、浴室和其他商店去找，但沒有用。他不見了。我這麼多年的同伴，一位歷經風風雨雨而仍屹立不搖的朋友，終於棄我而去。卡蘿向我保證，到了瑞士一定可以再找到一本同樣的書。我們的班機開始登機，我們跟著同機旅客，一路縱隊往登機門，出示我們的登機證，然後找路前往空橋和我們的對號座位。蓓卡擠在我們中間，我們準備好要經歷漫長而辛苦的旅程。一個大塊頭男人撞進隔壁座位，安頓得舒舒服服的——枕頭、毯子、羊毛襪、降噪耳機、安眠藥。這「最後之人」眨了兩次眼，給我一個愛睏、不具意義的微笑，飛機起飛前就神遊去了。我也往後靠，把蓓卡拉到我的腿上，並且盡我所能放鬆，但我無法讓自己擺脫尼采所謂的unzeitgemässe Betrachtungen：不恰當的觀念、過時的想法。

Unzeitgemässe Betrachtungen，尼采這本書常被譯為《不合時宜的沉思》（*Untimely Meditations*），他三十幾歲的那些年都耗在這上頭了。他後來的省思認為，這些文章提供管道以吐露「隱藏在我內心的一切負面與叛逆」。《沉思》一書瀰漫一種兩面式的主題：對西歐的知識、政治與文化既有建構惡意的拒斥，以及誓言捍衛另一種「生命圖像」。他將會借助於叔本華的悲觀主義，畫出此一「圖像」，而此一悲觀主義，用尼采的話來說，懷著「低調不顯眼的理想、男性氣概強有力的認真、對空洞無實的厭惡，以及對健康與單純的愛好。」悲觀主義幫他破除了日常生活有其意義的這種觀念，準備好要追求更高的目標——至少有那麼一下下，心存著超越（transcendence）的可能性。尼采有一段時期相信，這種超越將會體現在浪漫派音樂家華格納身上。

尼采還在為投入巴塞爾的教授生涯做準備時，就已經見過華格納了。他在尋找一位導師、一種方法，以跳脫學術思考的架構。華格納則在尋找一名門徒，能捍衛其音樂出版。他們第一次見面，在深入的哲學對談中打造出一種羈絆，而華格納邀請這個年輕人到他位於特里布深的夏日住所，就在琉森湖邊。尼采接受了，開啟了一連串往訪之行，一八六九年起共有十二次，範定出他對浪漫主義的初期投入。廣義而言，浪漫主義者相信，生命之義在於面對大自然的普遍性，仍能找到天性自我、受宇宙精神啟發、探索最深層的主觀感受——美學的、道德的與精神的。華格納所打造的特里布深住所為了設計成促進此種形態的自我發現而有所安排，作曲家保留了一間客房給仰慕他的追隨者。尼采在評論他與華格納最初相遇的那段日子時寫道：「我只能說，在我們頭上，浮雲不曾蔽空。」

巴塞爾的學術圈目光偏狹、獨尊科學，受單調沉悶的階層制及上流文化的虛偽矯飾所驅使。用尼采的話來說，是一處要求且獎賞從眾與聽命的「狗窩」。華格納在琉森所創造的世界則成尖銳的對比，是不凡的、神話的、想像的——住在那兒的是謬斯與天使。華格納的場子是旗幟鮮明地反現代，其所依據的信念為：要挽救醜惡的現在，唯一的辦法是崇拜遙遠過往之美。這與尼采身為語言學家的直覺相合，尼采因而有一段時期成為華格納的第一戰將。尼采在《人性的，太人性的》一書中寫道：「如果你沒有好父親，你應該去弄一個來。」好父親：這正是他試圖覓之於華格納——而以失敗告終。

然而，要在琉森找到立身之處並不容易。尼采仍然是保守母親養大的兒子，這使得他與作曲家的結盟有點困難。華格納才剛與珂希瑪・馮・畢婁（Cosima von Bülow，李斯特〔Franz Lizst〕之女）生下他第三個非婚生子女，而此一品行不端之舉一開始曾令這位年輕教授不快。當這對伴侶終於結婚，華格納開玩笑說，這場婚禮沒有人比尼采更高興了，尼采在這對不容於社會規範的戀人身邊一直堅持著「不自然的矜持沉默」。因此，華格納這場一八七〇年夏天的婚禮向哲學家發出了信號，要他大力投入他們所設定的藝術目標。如同眾多基於虔敬仰慕所建立的關係，尼采對作曲家的情感嚴重失調。華格納針對他的樂壇對手擬了一份暗殺名單，指派尼采扮演學術殺手的角色，而這個年輕人在他們的關係初期盡責地堅守這個位置，成了拜魯特運動（Bayreuth movement）的哲學發言人。這項精心計畫讓巴伐利亞平凡無奇的村落變身為浪漫主義的聖地。當宏偉的歌劇院在一八七二年打下地基時，尼采人在現場，自豪地宣稱自己是「華格納派哲學家」。同年出版的《悲劇的誕生》，大體上被巴塞爾傳統派的語言學社群批得一文不值，卻被華格納的追隨者當成復興歐洲文化的操作手冊加以擁抱。珂希瑪為論著成功而向尼采致賀，將此書定調為「**華格納**知識的最佳源頭」，但她的話是字字機鋒的一語雙關——賀喜卻又語帶告誡。兒子應該要小心，別搶了父親鋒頭。

在珂希瑪的心裡，尼采大受歡迎，端賴於他繼續當個附隨，做她天才丈夫的傳聲筒。尼采是靠著替人做牛做馬而成名。到他完成《不合時宜的沉思》的第四篇〈華格納在拜魯特〉（Wagner in Bayreuth），年輕的教授開始瞭解自己的處境，他對華格納的看法慢慢有了轉變。這個年輕人承認，他認之為父者是個「奇異的謎」，但——就像鬼神一樣——依然要人虔敬愛慕。然而，尼采的愛只有偶爾得到回報，而且華格納所回報的愛從來不是免費的。

曾在某個溫柔親切的時刻，華格納在給尼采的信中寫道：「你是生命所帶給我唯一的好處。」但這一次、每一次，年長者都希望他的讚美有所回報：這次，哲學家要成為華格納第三個孩子——他們夫婦真正的婚生子——齊格飛（Seigfried Wagner）的導師。「他需要你，」華格納寫信給尼采，「這男孩需要你。」尼采在很多方面都是個需要關愛的人，而他的「父親」知道這一點。《悲劇的誕生》出版後，華格納對他的年輕門徒吐露心聲：「就像我對珂說的，在我所喜愛的人之中，你緊接在她之後。」這或許是真的，但這樣的讚美夾帶著同樣成色的羞辱與貶抑。已近中年的尼采，可以說名符其實成了華格納的跑腿僮僕——被派去巴塞爾的商店買魚子醬和杏子醬、去裝訂店重新裝訂華格納的古典曲譜，還有，作為他們關係親近的一種證明，去裁縫店取老人家的內衣。理論上，尼采與作曲家之間的關係是一種授權和自由的關係，但實務上，最後往往是一種不怎麼掩飾的支配形式。

不意外的是，到頭來，華格納並沒有做什麼來減輕青年尼采的痛苦及其對生命普遍的不適。作曲家是個糟糕至極的代位父親——疏遠且吝於施予——但另外還有一個似是而非的哲學問題。尼采堅持只有美學體驗能提供存在之正當性基礎，而生命價值的實現在於不只對生命的高音、也對生命最微弱的音色之敏感與調和。在遁往錫爾斯瑪利亞山區之前，他開始相信華格納缺乏此種細膩的區隔與關注，他所謂的藝術作品極少在美學上令人感到真正的愉悅。無聲又漸強、無聲又漸強——華格納帶著他的聽眾反覆經歷一次又一次絕望與救贖的循環。閃亮耀眼，但，尼采最終下了結論，大體上是空洞無實。此種粗直的情感宣洩有其感染力，得到小布爾喬亞的熱愛，但人們對這種循環會漸漸感到疲乏，尼采就是。當華格納還不確定自己能否成功時，曾想過自己的歌劇或許根本無需音樂就能達到煽情的效果，說不定他還真說對了。在華格納宏大的劇院作品中，這種加分效果是附加的，而非本質構成的一環。

當尼采轉而開始批評華格納，他寫道：

> 華格納的藝術病了。他在舞台上所呈現出來的問題——全都是歇斯底里的問題——乃其情感痙攣抽搐的本性、過度亢奮的感性、口味越來越重的品味、把無能裝扮成原則，尤其是他所挑選的英雄和英雌們——把他們當成是生理學類型吧（一座病態學陳列館！）——把這一切攪在一起，呈現出一幅再不容疑的疾病輪廓……

尤其在他們這整個宏大的愚行之中，表演更是需要盲目的投入——這是哲學家決定性的論點。在一八七〇年代末去看華格納歌劇，和參加宗教活動或造勢大會沒有太大不同，作曲家也開心得不得了地同時扮演起大祭司和主持人。隨著德國打贏了普法戰爭，一八七六年首辦的拜魯特音樂節以政教祕儀之姿崛起，日耳曼愛國主義由此而與某種形態的狂熱基督新教難分難解地纏繫在一起。依尼采之見，作曲家已經成了銷售員，或是國家英雄，而不是真誠的生命藝術家。這不全然是華格納所造成，但他與他的新任妻子很喜歡他們暴得大名的明星生活。在許多德國人看來，條頓文化之優越是天命所歸，而華格納的歌劇被當成是神與國家的終極慶典。

這一切都令尼采感到噁心。始於萊比錫一場關於哲學與不從眾的私人談話，在十年後的拜魯特華格納節，已經變形成一派樂觀的民族主義與宗教獻身。曾經承諾會是一種自我肯定的關係，卻已成了以偶像崇拜為名的一種自我犧牲。始於關乎創意與內心表現，卻已經成了打動廣大人心但終究價值可疑的商品。對尼采而言，這是友誼的大背叛。他在描述拜魯特首屆大會時寫道：「我們再次發現華格納，身上披著德國『美德』。」觀眾們——人數日增的狂熱信徒——讓歌劇這種美學表現的最高形式，成了蠢鈍的國民消遣。「這些華格納派，」套句尼采的話，「已經成了華格納的主子——**德國**藝術、**德國**大師、**德國**啤酒。」

美學體驗可以賦予人類存在的正當性，但也可以同樣輕易地使之喪失正當性。大量生產與消費的藝術可用於使受眾分心、幫受眾掩飾或令受眾盲目。到了一八七八年，尼采與華格納全面決裂時，他對此一危機有了充分認識：拜魯特的狂熱分子「需要華格納，就像需要鴉片一樣：他們忘了自己，他們暫時擺脫了自己。……」這就是救贖在當時許多德國人心目中的意義：在愛國基督教奇觀的喧鬧刺耳聲響中迷失自己。尼采被徹底惹惱了，他從一八七〇年代末期以來的著作，都帶著這種不表贊同的色彩。尼采遭到華格納設計，及之後與華格納形同陌路，對他遁入山中有決定性影響，是他史詩性徒步旅行的序曲。

陽光開始在機艙舷窗遮板下方閃耀。我們就快到了。睡得很熟的蓓卡在我臂彎裡扭動著。她是個可愛的漂亮小孩——此刻被抱得太緊了。我鬆開手，閉上了眼睛。

華格納慢慢地、慢到幾乎難以察覺地拉著尼采入夥。這我可以理解。在我開始討厭父親之前，曾經想要**成為**他那樣的人：畢竟他瀟灑又富有魅力，而且令人捉摸不定，因而令人崇拜，尤其是小孩。

我四歲時，以及接下來的六年，父親有幾次曾對我說，他從沒想過要有小孩，但我並不會每次都像他原先所預期那般地拖累他。我開始回想起——而且真的很珍惜——這些游移在羞恥與自豪之間的奇異時光。

在我們終於斷決彼此關係之前，父親會突然出現來個週末省親，把我們打扮成鄉村俱樂部風，解救我們逃離與母親相處的單調生活，帶我們去德文市馬術大賽，看他的女友比賽。這原本應該是件開心的事，給乖小孩一次特別的出遊。我們安靜坐在紅色格子呢的毯子上，當騎士們帶著馴順的動物通過各種測試時為他們鼓掌。就算是那時候，我都為那些馬感到難過。毛呢布料又緊又癢，但我們盡責地、甚至是開心地穿著。只有非常幸運的小孩，才能這麼不舒服、這麼困窘。克己自制有其樂趣。正是在隨伴華格納的過程中，尼采學到日後他將傳達給讀者的一課——我們對美與情感的深切渴望，往往源出於剝奪、憂鬱和痛苦。

在飛機上狹窄的座位上，我試著放鬆手臂、放寬心思，把握時間小睡片刻，一心只想著群山。

第四章

永劫回歸

一切的一切都要問：

「你想要再來一次、再來無數個一次嗎？」

——尼采，《快樂的科學》（*The Gay Science*），一八八二年

尼采的家庭在他還是個小男孩時分崩離析之後，他轉而將他所受的教育當成是他從中獲取意義之處。學術上的傑出地位他在年輕時便已到手，卻只證明成效令人失望，他轉向了精緻藝術。到他中年時，精緻藝術自證為一齣毫無意義的鬧劇，他轉向——或是轉入——了他自己。

這一年是一八七七年，他即將抵達錫爾斯瑪利亞山區。他三十三歲。幾年後尼采回想起來，認為這段猶如處在地獄邊緣、介於他早期與後期著作之間的時期，是自我發現的關鍵時刻。他前往山中，不是為了擺脫華格納或整個文明，而是要發現，或說是回歸，自己的道路：

當時讓我心中做出決定的，並非與華格納的決裂……（而是）我被對於自己的不耐給超克了。突然間，我開始以一種駭人的方式清楚看出我已經浪費了多少時間……就在那時，我的本能做出它無人能擋的決定，再也不要讓步、循例而行和自我設限。

自我發現的這一刻，也是大病的一刻。尼采的健康急遽惡化，偏頭痛、作嘔，現在幾乎與他日日為伴。怪的是在他筆下，這種病——至今依然無法解釋——是帶領他回歸自我的指引。「疾病，」他解釋，「緩慢地使我（與社會）分離：使我免於任何被迫的中斷、任何暴力且攻擊性的階段……我的病也讓我有權徹底捨棄我所有的習性，命令我**遺忘**。」疾病不僅讓尼采有權遺忘巴塞爾的苛評與拜魯特的背叛，也容許這年輕的學者回想、思考他自己最個人的歷史。那是一段最名符其實的復原時期，一段收拾自己的時光，重新擁有他在求學、與華格納在一起的時期幾乎失落掉的東西。他寫道，重拾身體健康——我們多半名之曰「復原」——只不過是此一哲學作為的結果。

尼采在這段時期隨手寫下的書，不像他在青年時期產出的大部頭哲學。一八七八年出版的《人性的，太人性的》，以及三年後冒出來的《黎明》（*The Dawn of Day*），是由格言、匆匆記下的短語集錄而成，抗拒著讀者想要使之前後一貫的渴望。這些只不過是尼采日後將耗費其餘生推演而後爆發的思想之芽。我是這麼想，這些是他第一次嘗試讓禁忌、讓現代性寧可不去面對的真理發聲。「這些年來，沒有人死於致命的真理，」尼采在《人性的，太人性的》一書中寫道，「有太多解毒藥了。」這些書是用來解除我們的防禦，使我們容易受他將在阿爾卑斯山中撰寫的哲學影響，尤其是他的《查拉圖斯特拉》。關於《黎明》，尼采是這麼寫的：「以此書為我反道德運動之肇始。」

我在第一次山區之旅時，便以青少年的熱情迎向這一聲戰鬥口號。在我母親的注目下，我的童年過得滿快樂，但她因為我父親不在而升高的警戒心，令長成青年的我和我哥感到不快。我們被期待要非常非常「好」，而我雖不見得想「壞」（或許我還太小或太害怕而不敢那麼做），卻因為新識一位令善惡觀念產生動搖的思想家而感到振奮。想想看，「善」根本就不善！然而，我的興奮搞錯對象了——抑或是，不夠成熟。對尼采來說，對《黎明》一書的理解，是一項更加微妙而沒那麼好鬥的挑戰。這句話的意思，就我目前的理解，就是他說此書「連一點火藥味」都沒有的那個意思。

這不是戰鬥的時機，而是復原的時刻。我在青少年時沒看出這一點：用尼采自己的話來說，他當時正以此種方式，「準備迎接人性最高等級自我檢視的一刻，人性既回顧又遠眺前瞻的正午，人性從意外與教士的支配下崛起，第一次以全體之姿提問何以如此？又是為了什麼？」我還在掙扎、纏鬥、聲張，但尚未承擔起更具挑戰性的任務——一項尼采在抵達錫爾斯之前著手進行的任務——那就是認識自己，然後重新評價自己。

「價值重估」（revaluation of values）被推崇為尼采對哲學史最大的貢獻之一。尼采不把未經探究的倫理規範——謙遜、憐憫和自我犧牲——當成正確行為的準則，反而提出這個顛覆性的問題：這些價值最初**源出**何處？其背後基礎為何？其為人所遺忘的歷史為何？這暗示著道德源出某處、道德有其根源且非絕對而歷久不移，是哲學上一次基進之舉。這意味著倫理生活可能別有風貌，且社會規範與習俗的定型毫無疑義是純屬偶然。對生命的重新評價，依尼采之見，取決於人們面對此一現實的生活能力。

價值重估以其最初相當單純的洞見而廣受好評：「人性**並非**全憑自身而走上正道，人性絕非由天意主宰，相反的，背棄、腐敗、墮落的本能，恰恰是在人性最神聖的價值概念之中，以誘惑手法遂行宰制。」善不過是一種偏見，往往帶有傷害性，需要剝除其外衣並重新檢視。換言之，人們必須去除宰制眾多人類存在的形上學虛構——宗教與意識形態。然而不幸的是，這還只是容易處理的部分。價值重估有賴於第二項承擔或承諾：當道德的基礎已經釐清、偏見已被移除，思想家剩下要做的，就是質問人類存在的終極價值。沒有了傳統的形上學和宗教，人們被轉移到——或送返——自然的世界，並課以在此荒蕪崎嶇的地景中產生意義之責。最後也最令人敬畏的一步：提升強力（power）與生命這兩種大自然的驅力，而其作法應避免淪為過往使人心智蠢鈍之方式。難上加難，以至極難——這讓尼采在山中花了十年時間才思考透徹。

我們會在錫爾斯瑪利亞待上十三天。不多，我知道，但或許可以有些什麼成果。尼采在同樣的時間裡，完成了《查拉圖斯特拉如是說》的前三卷。

我們在蘇黎世下飛機，這裡是尼采之巴塞爾的靈魂分身，也就是說毫無靈魂之意，所以我們盡快地離開。這次是搭車。前往錫爾斯瑪利亞是一條漫長的路，而在一夜無眠之後，感覺更加漫長——一百二十五英里，帶著一個還在學走路的小孩，花了剛好超過四個小時。我自己一個人旅行可能快一些。但當我們接近庫爾，我意識到自己正在追溯的路徑，這種想法很快就退散。我還記得，上一回來到此地，我嘗試自己一個人旅行，差點就沒命。那趟旅程，從庫爾、施普呂根到尼采之家——從撕破我的腳跟、迷失到弄出凍瘡——花了我好多天的時間。

庫爾沒變。真的，從很多方面來看，從未改變。打從五千年前的青銅時代以來，一直有人占居，而此一長期住居的跡象隨處可見。「我們需要歷史，」尼采告訴他的讀者，「因為往昔以數百種的方式充塞在我們之中。的確，我們自己不過就是我們在那滾滾前流中的每一刻所感知者。」一四六四年，庫爾燒成白地，但日耳曼工匠在隨後的年月中重建，在舊建物的地基上砌起了新建築。不同於這麼多的現代城市，這城市並未侵犯地景，而是溫柔地安頓在穹頂群山之間的山谷中。這也是一種身處往昔——冰川岩的深層根基——之中，或之上。

我們在八月中旬一個涼爽的星期天抵達，我記得尼采一抵達就寫信給他母親：「安息日的平和與午後的氛圍瀰漫在庫爾鎮上。我以悠閒的步伐，沿著主要道路上行；萬物……變形，呈現在我眼前。」**變形**（transfigured）。這個字眼比**變化**（changed）好，後者意味著變成某種全然不同之物。這比較類似於形狀變換，但此變換保留了過往的一些什麼。蓓卡抬頭望向車窗外，望向我們上方的一條道路。我們很快就會到那兒。而且這一次，我很開心看到有這些護欄。

十九歲時，我將庫爾拋在身後，取道維亞馬拉峽谷——名符其實的「惡劣道路」[1]——前往施普呂根。畢竟這完全是尼采在一八七二年所走的路線，我一直想要完全照著走一遍。但現在我們三人沒時間——或是沒精力——走那條惡劣道路，我們會直接走三號道路的捷徑到尤利爾山口，然後往下到席爾瓦普拉納和錫爾斯瑪利亞。有時候，偏離過往是必要的，或是比較可取的。

有道路施工，所以走走停停的，我覺得很煩，直到我明白，這些中斷是讓駕駛人能夠真正欣賞景色的唯一辦法。有一個單人健行客，是一名身穿黑色雨衣和球鞋、背著輕便背包的年輕人，在我們等待工人揮手叫我們通過時從我們旁邊經過。他的步態輕鬆，但裸露在外的

1 此一地名Via Mala在當地羅曼什語之意。

小腿肚橫紋肌的樣子告訴我，他已經上路很多天了。他是在搭便車旅行嗎？我有那麼一下子考慮要降下車窗、把他叫回來，問他需不需要搭便車上山頂。奇怪的衝動，我知道，對他絕對沒有好處，對我們自己則好處不少。飄泊客突然離開道路，走了一條捷徑上山，不見了。

快到七千四百九十四英尺處的尤利爾山口時，我再次被隱約浮現在我們上方的群山吸引。山似乎非常非常的近。下一次因施工暫停時，我認為我瞄到那位健行客正登頂遠方一處高地。這次暫停不比其他次久——一群人正在借蒸氣挖土機之力，剷掉黑色柏油。我們的道路下方八英寸就是石頭，切成方方正正、成排配置，在一八四〇年便已鋪好。這些石塊和路面貼近得令人驚訝。等我們到了「上面」，其實只是另一座山谷的谷底，經過兩根從土裡冒出來的石柱，那是一座古羅馬廟宇的柱墩。今天，旅人用他們的右手觸摸石頭，希望當他們繼續旅程、下山進入底下的恩加丁地區時，能帶給他們好運。

「地球上所有地方，我覺得恩加丁這兒最好，」尼采這麼寫道，「當然，在這兒，攻訐衝我而來，一如其他所有地方，但溫和許多、人道許多。這兒讓我一直保持平靜，沒有我在其他地方感受到的壓力。」許多曾追隨尼采腳步的作家，後來都明白這些話的意思。恩丁加的森林、湖泊和草地，用尼采的話來說，「彷彿為我而設。」在這兒，在不常有的可貴時機，人們可以發現往昔與此刻之間、人類的自我與大自然浩瀚而往往令人驚駭的廣袤之間深刻的適契。

上恩加丁的阿爾卑斯山谷，從義大利國境邊緣的瑪羅亞山口向東北延伸八英里，跨越三座水晶藍的湖泊——錫爾斯、席爾瓦普拉納和聖莫里茲——終止於聖莫里茲這座旅館林立的城市，一處富豪名流駕臨之名勝。道路施工結束，我們遂得以在驅車前往席爾瓦普拉納時加快步伐。過了尤利爾山口的之字形，席爾瓦普拉納到錫爾斯瑪利亞之間這段路是普受歡迎的解脫。這路緩緩繞著湖轉，湖面多半日子裡都被風給吹皺了。但那天，湖面完全靜止，形成一張完美的翡翠桌面，群山穩穩坐落其上。在冰河年代，當冰河流經這些山谷，將土地挖空，然後歷經歲月，水填滿所形成大規模的窪地。要花多少年、多少雨水，日復一日，才能填滿這樣的一個湖？

車內安靜無聲。蓓卡在下坡時睡著了，只有卡蘿和我，還有湖泊、群山，以及受祝福的平靜時刻。我和她是在新罕普夏的白山山脈墜入愛河，那是一個隱密的地點，讓我們逃避各自該死的婚姻。我看見錫爾斯瑪利亞上方林木茂密的山丘，以及林木上方的森林之屋白色角樓。此刻沒有逃離——只有一種難以解釋的歸鄉。

「耶穌基督啊，」卡蘿深吸一口氣，一次吐出，「這真是壯觀。」

這並非白山山脈。我從車裡看不到，但我知道我們正在走的道路邊緣沿線有什麼：我年輕時常走的人行步道，引導尼采前往其《查拉圖斯特拉》的同一條步道。當他走在這條小路上、繞過水邊，尼采寫道，他經常滴下的「並非傷感之淚，而是狂喜之淚」。在圖書館或咖啡店裡讀尼采，可能會把這句話誤解為一個瘋子的誇張之詞或胡言亂語。但在這兒不會。在阿爾卑斯山，沒有誇張這回事。「我的感情之強烈，」他聲稱，「使我渾身顫慄、放聲大笑。」

湖對岸一小片冒出頭的草地上，坐落著僅有的一塊錐狀石。我記得是高及肩膀，但現在我知道是要大上相當的多，幾乎是兩個男人大小，是周遭群山如鏡射般的縮影。我第一次看見時，試過要爬上去卻沒成功。這塊岩石或許就是讀尼采的最佳理由。我確定這是我同意重回瑞士的唯一理由。「現在我要來談查拉圖斯特拉的歷史，」尼采在《瞧！這個人》一書中為他的讀者做了鋪陳。接著，他解釋：

本書的基礎概念，**永劫回歸**的觀念，對生命予以肯定之最高且竟能達成之公式，要算在一八八一年八月：寫在一張底下註有「超乎人與時間六千英尺」的紙張上。那天，我正走過席爾瓦普拉納湖畔的樹林；在一塊離我逗留的薩爾黎不遠、充滿力量的錐狀岩石處。就在那時，這個念頭出現在我腦中。

我們沒有在岩石處逗留，而是繼續進入錫爾斯瑪利亞的小聚落，經過郵局和唯一的雜貨店，來到雪絨花旅館（Hotel Edelweiss）。在旅館後面，正如我所記得，塞在林木茂密的山丘下，是尼采之家。門和百葉窗已經用同色的漆重新漆過。十七年後，看起來沒有任何改變。尼采想出永劫回歸之處，並非在錐狀岩，但應該要是。這是個美妙、令人敬畏的想法：

若是有一天，或有個晚上，一個惡魔偷偷溜進你最孤寂的孤寂之中，對你說：「你此刻所過、至今所過的這一生，你將必須再過一次、再過無數個一次；且其中將不會有任何新鮮事，但每一次的痛苦、每一次的歡樂、每一個念頭與嘆息，以及你生命中一切無法以言語表達的小事或大事，皆必回返於汝身，全都依著相同的演替和序列——即便是這隻蜘蛛和樹林間的這抹月光，即便是這一刻與我本人……」

的確，「若是如此的話呢？」尼采的惡魔正在表達的，是一個古老的形上學提議，亦即對於真實界之運動，最佳的描述方式是藉由輪外加輪（cycle and epicycle）[2]，一條自吞之蛇。印度教與佛教，各自以其形形色色的方式，在因果報應教義中表達類似的東西。一切都藉由重複而發生。在相同的地點，樓塌又樓起。冰河日復一日移動，雨水如此，生命也是。舊的使新的誕生，而新的馬上就以各自不同的速度變舊。

尼采的英雄叔本華表達了這種宇宙論之類的論點，但也解釋：把這種論點當真，往往就要面對其使人軟弱的心理學效應。他在《悲觀主義研究》（*Studies in Pessimism*）中寫道：「一個人活到能看過兩、三個世代，就像在市集裡的魔術攤位坐上一段時間、連續看過兩到三次表演。這些戲法原本只打算讓人看一次；一旦不再新奇、騙不了人，戲法的效果就沒了。」尼采大體上同意，且認為我們多數人、多半時候，都會承受不了此種想法——無窮無盡地重複這件事、重複每一件事——以致崩潰。在無限未來的過程中，一再體驗僅有的一生所有的悔恨、單調乏味、失望，這真是如在地獄。

經過尼采之家、跨過將錫爾斯分成兩半的河流，往上繞過三個陡峭的髮夾彎，這條等分成三段的路帶著我們來到城鎮的上方：終於，我們再次來到森林之屋。尼采的惡魔那個永劫回歸的話題還沒說完。這不僅僅是一個形上學的描述，或是依叔本華的說法，對於生命為何這麼單調得要命所做的解釋。這是一項挑戰——或是一項質問，這個說法更好——但不是以文字來回答，而是在生命的過程中回答：「一切的一切都要問『你想要再來一次、再來無數個一次嗎？』這會給你的行動帶來最沉重的負荷！或是，你必須變得有多喜歡自己、多喜歡生命，對此一終極且永恆印證與確認之熱切嚮往，**才能超乎一切事物之上？**」

用葉慈（William Butler Yeats）[3]的話來說，我們是否「樂於把這一生全部重過一次」？這裡所謂的樂於，並非在面對無法避免的命運時顧左右而言他，或是自我催眠，或是聽天由命。而是知道你會把這件事，以及每一件事，再做一次，一直做下去，還能全心**樂意地**過你的人生。我們轉過最後一個彎，來到森林之屋的入口車道，在有遮蓋的旅館門廊下方休息。尼采指出，唯有當人們願意且能夠和生命、和自己調適好，方有可能對永劫回歸予以肯定。

對尼采來說，所謂的調適好，就是真心誠意地抉擇我們的思考對象、我們發現與創造意義的所在。無止盡單調的恐怖，在尼采看來，就是絕對責任這種主張的持久誘因：如果人們

2 《失樂園》一書的詩句，指托勒密天文體系中一圈又一圈的天球。
3 一八六五～一九三九，愛爾蘭詩人、劇作家、神祕主義者、愛爾蘭凱爾特復興運動領袖。早年創作具有浪漫主義的華麗風格，善於營造夢幻般的氛圍。進入不惑之年後，創作風格轉而趨近現代主義。一九二三年獲得諾貝爾文學獎，獲獎理由是「以其高度藝術化且洋溢著靈感的詩作表達了整個民族的靈魂」。

的抉擇將永無休止地重演，這些抉擇最好是「正確」的抉擇。認為一個決定的「正確性」可憑藉由某種外在的道德或宗教標準附加上去，這種想法或許誘人，但尼采希望他的讀者抗拒這種誘惑。畢竟，尼采的惡魔是在我們孤單一人時來找我們，他的問題只能在人們「最孤寂的孤寂」中聽見，因此，答案無法從共識中得出，或是代表某些不具個人人格的機構之立場。這的確是最個人性的答案——這個答案一向都會左右個人的抉擇。你當然可以選擇做你想做的事，不管是養育小孩或結婚，但不要假裝這麼做是因為這些事情有某種本然的價值——並沒有。這麼做只是因為你當初選擇做這些事，而且現在願意承認自己做了這些事。在我們的人生故事中，這些是我們的選擇，而且是只屬於我們自己的選擇，而正是這一點，讓事物，全部的事物，有了價值。唯有當人們了解這一點，他或她才做好了面對永劫回歸、全面輪迴的準備，而無承受不了以致崩潰的風險。唯有如此，人們才能夠和葉慈一起說，「再來一次」，並且心口如一。

有很長一段時間，我認為對「永劫回歸」的最佳理解是銜尾蛇（ouroboros），古代表示無限的符號，一條吞食自己尾巴的蛇。惡毒且吞噬一切的永恆，帶來等量齊觀的毀滅與創造。動物徒勞地試圖自我控制，但這麼做只是讓情況更加失控。然而，「永劫回歸」不一定都得這麼晦暗無望又凶惡不祥。當你穿過阿爾卑斯山谷，走向群山，有時會經過古老的農舍。這些農舍毫無格外特別之處，過不多久，看起來就都一模一樣。但其實不然。在門框之上、窗戶之下，經歷無數季節而磨損的，是一幅雕刻——原始而撫慰人心。三隻兔子，以共耳連鎖的方式連在一起，如永不停止的旋轉木馬般彼此追逐。這些「三兔共耳」（three hares）處處可見：從伊朗的十二世紀蒙古金工製品，到英格蘭德文郡的中古教堂，再到十八世紀日耳曼的猶太會堂。用希伯來文講，叫沙番（shafan）[4]。這個象徵物呈現輻射對稱、流動與持續不斷。這些兔子是一種再生的符號，也是古代日耳曼解謎遊戲中的一道謎題：「三隻兔子共用三隻耳朵，但每隻兔子都有兩隻耳朵。」仔細一看——這其實是一種光學幻影。有些人說這是不可能之物，就像潘洛斯三角（Penrose tribar）[5]或艾雪（Maurits Cornelis Escher）[6]的版畫。我一邊把車停在森林之屋前，一邊思索著此一象徵：迷惑，但不必然心

4 出現於《舊約聖經》，希伯來文之意為隱藏者，應指中東地區乾河谷的岩蹄兔。

5 由英國數學家羅傑．潘洛斯（Roger Penrose）所設計，是一種不可能的物體，在特定的角度下觀看時看到的圖案，會和其二維圖案相同。

6 一八九八～一九七二，知名荷蘭版畫藝術家，以錯視藝術作品聞名。其版畫《瀑布》（*Waterfall*）描繪了一個沿著兩個拉長的潘洛斯三角邊上曲折行進的水道，水道結束時的高度比原來的高度高兩層樓，水最後形成瀑布，也是兩個潘洛斯三角的短邊，再由瀑布驅動水車旋轉。

煩——有點似曾相識的味道。

▲

我把車停在旅館車道上，順手把鑰匙塞進褲袋，這時才想到我還沒換掉從飛機上穿到現在的褲子。蓓卡還沒把她的晚餐享用完，接著就在一小段混亂中，把剩下的部分倒在我胸前。至少牛奶都倒光了。我看起來很糟，聞起來更糟。你必須做最後一件事，以便掌控這永劫回歸。只要一件：接納它，即使是最不想要的那部分存在——重大與微小的惡行都要。生命中所發生的許多事都是毫無選擇餘地。這些事突如其來、無預警地發生——一場大洪水、一場淹沒或淹死我們的意外，但用尼采的話來說，「在命運打擊我們之前，我們該當先為它指路。」

「就是這裡？」後座一個小小的聲音試探著問。

沒錯，就是這裡。

我第一次造訪森林之屋時，先是嚴重營養不良，接著又醉過了頭，沒能注意到細節。森林之屋建於一九〇八年，尼采的《偶像的黃昏》以新藝術運動風的燙金裝幀再版的同一年，大多數學者都認為他應該很痛恨這個版本。他大概也給過森林之屋類似的惡評吧。待在錫爾斯瑪利亞期間，尼采受到一種往往入於簡樸的單純所吸引。

「他不可能在這兒待過啦！」奇恩伯格（Urs Kienberger）開玩笑說道，他是一個和藹可親、沉默寡言的六十幾歲男性，也是擁有這家旅館的家族其中一員。奇恩伯格將為我們解說森林之屋漫長的歷史，我們發現這不同於庫爾或其他地方一代傳過一代的歷史。我們抵達的那一天晚上，奇恩伯格在大廳一一唱名來歡迎我們。他從不用**老闆**這個字眼，而是以「客棧掌櫃」自道。一開始我以為這是假意的客套或明顯的低調，但經過他的解釋，就更有道理了。在童話城堡般的氣派門面底下，森林之屋只有一百四十個房間，配上一百四十來個員工。這間旅館不光是供人過夜；它是一間「客棧」（inn），比較像是「客倌進來（come in）住一陣子吧」。許多知識分子，像是阿多諾、湯瑪斯．曼和赫塞，真的進來住下了。

蓓卡以輕快的腳步穿過橡木飾板的大廳、跨過大理石地板和亮紅色的東方風地毯，其鮮豔明亮與其表象年齡並不一致。這家旅館在奇恩伯格家族手上已經有六代——或許，歷經歲月之後，他們學會了如何保養地毯，而地毯通往這幢巨大建築的每一個大廳，乾淨得有如施了魔法。事實證明，他終究是個「掌櫃」、是個管家，管理一個原本就打算要不合時宜的場所：這是個來自過去的事物，承諾要以大體上原封不動的模樣，保持到未來。「這裡不是博物館，」他料到我會怎麼想而表示抗議，「而是鮮活的，但它是以改變不要太多的方式活著。或許可以說是河中央的一塊岩石。」

在一次大戰前建造並逃過大戰的破壞，森林之屋在咆哮的二〇年代（Roaring Twenties）[7]發展成熟。但它不像這個年代的許許多多旅館，並非為了這個年代而建造。「這是家宏偉的旅館，」奇恩伯格順帶一提，「但並不富裕。」富裕令人分心，其閃亮的鈴噹和哨子是為了讓我們跳脫生活中的單調瑣事，將我們送往他方。森林之屋既不令人盲目，也不令人分心。照我們這位掌櫃的說法，它提供一種「空間的奢華」：探索的空間、反省的空間、離去的空間、安居的空間——就只是空間而已。在我們的世界，塞滿東西和占有物的世界，這種空間往往被填得滿滿。的確，空間的價值得到重視，唯有在其填滿之時——也就是說，在其摧毀之時。為空間而空間，完全不合乎實用，而且真的是一種稀有的奢華。我不確定奇恩伯格是怎麼讀出我的心思——或許這是一個男人在其專業中所學到的——但當導覽結束而我們開始入住，他把我們帶到旁邊，說了最後一句話。顯而易見的，一家旅館的日常得靠某些實用性來支撐——茶必須準時送上，這樣才能保持溫熱。但——他指著長廊，長廊的盡頭有一扇開向山谷的窗戶——「要是萬事萬物皆實用，那就很可惜了。」

森林之屋的導覽結束於我們，或至少是蓓卡和卡蘿，將要入住的房間。我還沒決定要在哪裡度過我在錫爾斯瑪利亞的第一個晚上。我們不知為何升級到俯瞰湖面的二四四號房，不用加錢。房間有鎖，但沒必要用。這間房間被稱為Bellavista，意思是「美景」，而且當之無愧。這裡的景色與維亞馬拉峽谷對比強烈。我十九歲時，在來這兒的路上、施普呂根的外頭，曾探頭從跨越安德爾與圖西斯之間一處著名峽谷的窄橋邊上窺看。橋只有十英尺寬，離溪谷底卻有數百英尺。我探頭從邊上看，生平第一次明白，眩暈與害怕掉下去的感覺無關，而是與想要跳下去的感覺有關。在這全然開闊之中，人們可以做的選擇如此之多。這是在我第一趟錫爾斯瑪利亞之行中，非常快速生出的知識、感受。

美景房與外隔絕且受到保護，至少在那一刻，我樂於享受差別待遇。錫爾斯瑪利亞有名的雲海翻滾而下瑪羅亞山口，蛇一般環繞群山，以驚人之迅捷覓路而下山谷。我們的窗戶幾乎就在林線上，雲和日光灌了進來。「我並未往外看，」耶穌會士、也是這家旅館的長住客

7 始於北美，又受一戰結束影響傳至歐洲。此十年間，現代科學似乎能夠化一切為可能，經濟與技術的發展潛力看似無限，人們都感受到一個截然不同的時代即將到來。新技術，特別是汽車、電影以及無線電，為許多人帶來了「現代性」。實用主義原則使得一切不必要的冗餘裝飾統統被去除。同時，爵士樂和舞蹈在反戰的氛圍中越漸受到歡迎，因此這一時期也被稱作「爵士時代」。一九二九年發生的華爾街股災，為此一時代畫下句點。

人齊格勒（Albert Ziegler）寫道，「是上恩加丁的湖景往房內看。要是我往後退，四方形的窗戶就成了一幅畫框，其色彩與形態，我有能力看，卻沒有能耐描述。」就連蓓卡也驚呆了。我們三人坐在窗邊的大書桌旁，吃著我們的晚餐，讓光穿進我們的房間，直至暗黑緩緩爬了進來。

詩人、但丁學者法薩尼（Remo Fasani）極愛這家旅館和這個村落，但他認為，人們愛上錫爾斯瑪利亞的理由無須全然同於尼采：

尼采，一百多年之前，
來此尋覓孤獨與寧靜。
他收下查拉圖斯特拉的禮物，
這瓦解時間的人上人。

一個又一個夏天，吾亦來此；
與寧靜及自己，在此共度時光。
我寫下詩句，在落筆之際嘗試

連結簇新與陳舊。

尼采想要變動之終局：
烈焚往昔，如火葬燃薪
以之領進美麗新世界

而我想要的，是往昔存在
於此刻，也於未來
一切時間再次合一振動。

法薩尼這句話，恐怕是錯了。這也是尼采想要的：讓往昔存在於此刻也存在於未來，讓時間再次合一振動。這是永劫回歸的任務。但這一點——恐怕又是——非常困難。而每當尼采做不到或沒做到，他往往會開心或傷心到放把火，把一切都給燒了。

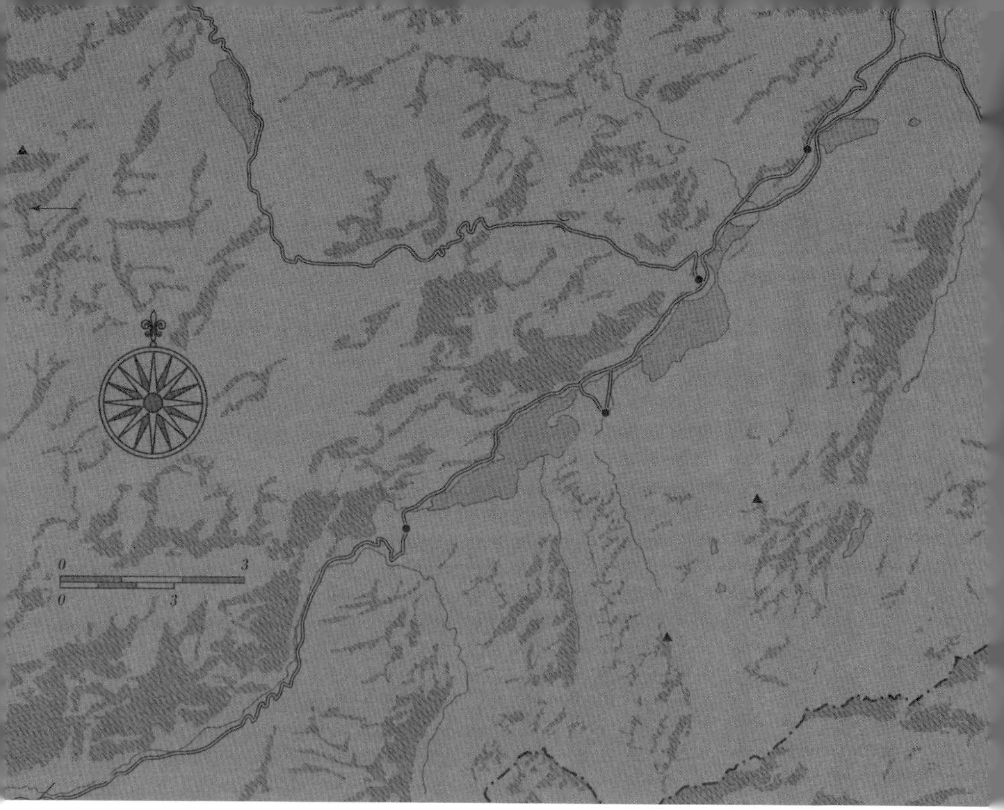

第二部

第五章

戀愛中的查拉圖斯特拉

哪個孩子會找不到理由為其父母流淚呢？這個男人是有價值的，
就大地的意義而論，我是這麼認為，而且是成熟的：
但當我看見他的妻子，對我來說，大地似乎是無意義者之家……
這個上了檯面像個追求真理的英雄人物，
最後總算征服一個不怎麼掩飾的謊言。
他稱之為他的婚姻。

——尼采，《查拉圖斯特拉如是說》，一八八三年

我在卡蘿身旁醒來。從蘇黎世開車過來，餵蓓卡吃過飯還幫她洗了澡，我無力也無心當個真正的哲學家。我離尼采之家幾步遠，但這幾步似乎遠到不可能到得了。我在接下來幾天會到那兒去，我已經承諾過自己，在我蜷臥於卡蘿身旁、任由自己和這一天漂遠之前。

但此刻我清醒得很。時間是清晨三點十六分。小時候，我母親叫我「潛行獸」，一種夜間活動的小東西，整晚在我家走廊爬來爬去。她以前是、現在還是一位模範家長，會很有耐性、日復一日把她的潛行獸帶回床上。「小熊，你真的該睡覺了。你明天需要靠你現在的休息，」她會這麼說。我試過聽她的話。但我總是受到兩種聲音吸引，一場我和我之間的內心對話，這種對話在我四歲左右、父親離開我們幾個月後就開始了。

尼采的聲音，以及他的失眠症，下手毫不留情。「我和我總是聊得太投入，」他坦承，「要不是有個朋友在，我怎麼撐得下去？」尼采告訴他的讀者，隱士的這位朋友一直是個第三者，是個避免我和我「沉入深淵」的魚鉤浮標。多年來，我的母親一直是那個朋友和救生圈，但當我快要成年時，我這種潛行的行為變得更加偷偷摸摸、鬼鬼祟祟。

尼采說得對：沒有朋友，可能會沉得太深。有熟悉之人、甚至是所愛之人在一起，比較容易留在水面上，讓人們得以呼吸並處理生活中的實際面。但有時候，人們渴望有一點點深度。我想起尼采一抵達錫爾斯瑪利亞就告訴他母親，要求別把他的所在地點告訴他的朋友。

他不想有訪客。尼采以前住過的臥房，照茨威格（Stefan Zweig）[1]的說法，簡陋，只有一樣個人物品，「一個笨重又不好看的木製行李箱，打包了兩件襯衫和一套正式服裝。」別無他物。「此外只有書和手稿，以及一盤子數不清的瓶瓶罐罐和藥水……尤其是用來對抗失眠的可怕鎮靜劑和佛羅拿（Veronal）[2]。一座可怕的藥品藥水兵工廠，卻是這個怪異房間的空洞沉寂中唯一的援手……」儘管有種種藥品嚴陣以待，但在他撰寫《查拉圖斯特拉》第一卷期間，尼采幾乎沒睡過覺。

三點三十八分。經過這些年，我已經慢慢學會如何利用、或至少是欣賞失眠。就一個家長而言，在其他時候都處於散亂零落的存在狀態下，失眠提供一段幸福的平靜。事實上，這是我在這些日子裡第一次的孤獨時刻。為父之道，按照定義，在於相依相聚。即使你退後離開孩子們幾步——會想這麼做，或者是因為筋疲力竭、或者是基於良好判斷——他們還是一直和你在一起。謝天謝地，他們通常都是那麼迷人又興高采烈，讓你不會介意自己的成年生

1 一八八一～一九四二，奧地利猶太裔作家，中短篇小說巨匠，擅長人物的心理分析，也著有多篇名人傳記。著有《一位陌生女子的來信》、《焦灼之心》等小說。

2 一種巴比妥類安眠藥的商品名。

活遭到挾持或抹煞。但在一大早的全然寂靜之中，差一點就回想起因成為父母而失去的孤獨。我把毯子拉過來，幫卡蘿貼身掖好，抽出我的腿，小心翼翼地把我的身體從床墊移到地板上。她沒有翻身。蓓卡依然一動也不動。散步時間到了。

森林之屋的中央穿堂，帶點黃的白牆及耀眼的紅地毯，貫穿整幢旅館，約莫六百英尺上下。這幢建築物有三層樓，很適合來一趟「探查」。**來一趟探查**是我母親另一個用語。我哥和我在夏天悶得慌時，她會把我們弄上車，帶我們到某個新地方去散步。散步，不是跑步——我母親不是會跑步的那種人。這都是小小的漫步，沒有特別要去哪裡。起初，這種步調令我火大，但她解釋——然後證明——這真的是觀看事物的最佳方式。事物：樹木、葉子、蟲子、溪流、想法。我們在日常生活中快速經過或故意跨過去的事物。我溜出美景房，去尋找尼采。

尼采在一八八一年夏天構思永劫回歸時，也開始認真思考一個或許能夠扛起無止境責任的人物，能夠一口氣坦誠面對生命中的種種抉擇。那不是尼采自己——完全不是——甚至也不是查拉圖斯特拉。那是人上人。人性，照查拉圖斯特拉的說法，只是一座橋或一條繩子，把野獸連結到此一超人類範型。這是某種要小心、穩定越過的東西。一八八二年，當尼采開始把注意力指向此一宏大的哲學目標，他遭遇許多必須先處理的實際障礙。其中一項障礙，就是不離不棄之愛這道難題。

人上人站穩了腳跟，尼采關於同儕情誼的矛盾心結也是。在外界眼中，這一切看似一個男人的生命觀在理論上的發展，然而並非如此。這是最令人不快的私人關係破裂所引爆的理論突破。或許，這種解讀疑似眾所周知的「傳記式謬誤」（biographical fallacy）——錯將著作之形式與內容當成作者生平之側寫。但以尼采的情況來說，要避開此一謬誤似乎是不可能且不智。「在我的《查拉圖斯特拉》幾乎每一個字背後，」尼采寫道，「都矗立著一段個人經驗、一種最高等級的自我超克行動。」

一切都從一八七三年開始，在查拉圖斯特拉現身的多年之前。那時的尼采依然很支持華格納，而且他對浪漫主義的救贖仍懷有一些期望。然後，他遇見了保羅・雷（Paul Rée）[3]。他在寫給朋友婁德（Erwin Rohde）[4]的信裡提到「一名非常深思熟慮、很有天分的男子，

3 一八四九～一九〇一，德國作家與哲學家。
4 一八四五～一八九八，十九世紀偉大的德國古典學者之一。

一個叔本華的追隨者，名字叫雷。」雷是猶太富裕人家之子，排行第三，在萊比錫研讀哲學，與尼采的共同興趣不只叔本華，還有道德的歷史與起源。雷寫過有關亞里斯多德《倫理學》（*Ethics*）的專論，特別著迷於利他主義的高尚品德；他提出假說主張，這種對他人的關懷，是與生俱來且經過達爾文式演化汰選的特質。雖然尼采後來確實在他的《道德系譜學》中，相當堅決地反對這種立場，但他一開始是欣賞這種另類觀點的，這兩個年輕人遂變得非常親近。至少，是親近到引起華格納不快。

在整個十九世紀，「猶太人」很快就成了一大堆文化和政治病態的代罪羔羊。華格納的反猶太觀念根深柢固。他發表過《音樂中的猶太屬性》（*Das Judenthum in der Musik*），最初是在一八五〇年匿名發表，後來在一八六九年重新以其本名出版。該書主張希伯來人是一種「吱吱、嘎嘎、嗡嗡叫的鼻音」，破壞了切當的美學感受。這篇專論如今被視為反猶太文獻的指標性案例，但當時只不過是華格納終其一生所撰寫數十篇類似論點的短論其中一篇：德國文化唯有屏棄猶太教才能得到救贖。對華格納來說，雷是尼采的小小交友圈中，一個不受歡迎的外來人物。

尼采在一八七六年離開華格納的拜魯特時，名符其實是和雷一起牽著手離開。音樂節結束前，這兩人就逃回巴塞爾，小尼采五歲的雷遂扮演起助理兼知己的角色。「我們在一起非常快樂，」尼采當時是這麼告知他的母親。沒什麼好懷疑的，這兩個男人呢，確實是相愛的，就和大多數的密友一樣，我是這麼想。在這個時期，尼采的眼疾一直折磨著他，所以，雷就去他昏暗的房間裡，拉上窗簾、關上百葉窗，陪他幾個小時。謠言開始在拜伊洛特翻騰。這兩個單身男人在昏暗小房間裡做什麼？華格納有一套說法，並悄悄散播到歐陸各地的文化圈子。尼采眼睛不好是手淫過度所造成；他手淫起因於他病態地畏懼與女人性交；他畏懼女人是不可告人的同性戀傾向所致；而他的同性戀傾向解釋了他與猶太人雷之間見不得光的友誼。這是一個荒謬、惡意的謠言，卻持續流傳了許多年，而尼采遁往山中，這個謠言至少要負部分的責任。

或許尼采原本可以逃過這波謠言，若是他沒有堅持要戳這音樂怪物最後一次的話。「我們到蘇連多了！」尼采在一八七六年十月通知他的母親和妹妹。雷和他一起共度假期，而且海水棒極了。只有一個問題：華格納也在此地度假。十一月四日，尼采在蘇連多與華格納最後一次會面。關於談話內容有很多爭議，但有一點是大家都同意的：這場談話不全然是愉快的。華格納的《帕西法爾》（*Parsifal*），以其陽剛、基督教的弦外之音，就算沒有受到鉅細靡遺的討論，但毫無疑問是當時的話題，這是與尼采及其猶太同伴分道揚鑣的完美背景。

不在乎外表的愛，可能是真情流露的徵象之一。在各自離婚的過程中，卡蘿和我就是這樣開始的，就在連我那位康德派都覺得尼采的《超越善與惡》太有道理的罕見時刻。不計風險去做、捨棄一切去愛（兩者其實是同一回事）、忍受酒肉朋友造謠、幾近刻意地建立一種禁忌關係——這，尼采從雷那兒學到，就已經成功了。雷將會在一八八二年把尼采介紹給莎樂美（Lou Salomé），而當他們形成尼采口中諷刺意味無人不曉的「三位一體」時，所學到的這一課教訓將會更加深刻。

說到愛，尼采的運氣少得可憐，但某些消息來源指出他拙於傳統式的求愛，卻絕非失敗，而是與他標準特別高有關。有時候，他對一夫一妻制的結合方式非常有洞見：「最好的朋友最有可能是最好的妻子，因為良好的婚姻奠基於交友的天分。」然而，又有些時候，他似乎是在呼應叔本華難以動搖的性別歧視。「一個女人大有可能和一個男人建立友誼，」尼采承認，「但要持續下去，就必須借助於一點點……反感。」許多學者描述他日後對女性的反感時，所使用的可不是**一點點**這種字眼：「女人有這麼多理由感到羞愧；女人身上隱藏著這麼多的拘泥迂腐、識見淺薄、老夫子氣、心胸狹隘的自以為是、恣意妄為和言行輕率……哎呀，要是容許『女人身上永無止境的單調乏味』——這她可多得很！——繼續發展下去還得了！」在同一段語帶譏刺的文章中，他建議最好把女人理解成一種「所有物」，一種「必須圈禁以防飛走」的東西。到頭來，尼采認為值得擁有的妻子，是不可能成為籠中物的。

尼采是在一八八二年三月十三日，第一次從雷那兒聽說莎樂美。雷見到莎樂美是在麥森布格（Malwida von Meysenbug）[5]的羅馬家中，這位共同友人組織了一個地中海沿岸年輕思想家的沙龍。當時，麥森布格在給尼采的信中也提到莎樂美：「我認為莎樂美在哲學思想上已達到和你相同的成果，也就是向實踐唯心論（practical idealism）邁進，把每一種形上學預設，以及對於形上問題之解釋的一切關注，全都拋諸腦後。雷和我一致希望看到你和這位不同凡響的人物相見……」尼采甚至在見到這個年輕的俄國人之前，便已墜入愛河了。

尼采所愛的是一種大自然的力量：神祕、毀滅、無可抵禦。「我找不到更具天分或更有反省力的精神，」他在一八八二年四月見過莎樂美之後做此評語，「露是我所見過最聰明的人。」如他這般讚佩的不只他一人。里爾克（Rainer Maria Rilke）[6]與她持續了一段至死方休

---

5 一八一六～一九〇三，德國作家，尼采與華格納友人。著有《理想主義者的回憶》（*Memories of an Idealist*）。

的情侶關係，為她的卓越做了見證。「我之所以為我的一切翻攪我心，」他寫信給她，「皆因妳而起。」佛洛伊德（Sigmund Freud）稱她為「偉大的理解者」，並一再回頭向她尋求知性指引。把她介紹給尼采的雷也愛上她，至少向她求婚過一次。她也至少回絕過他一次。沒有必要結婚，至少還沒有。莎樂美生於一八六一年，是沙俄時代一位傑出將領之女；她有條件也有自由，在她滿二十歲後的頭幾年四處遊學；她的仰慕者多不勝數，她也享受他們所提供的各種不同體驗。她憑自己的本事成為出色的哲學家，也是最早從事精神分析工作的女性之一。

打從一開始，這就是一段非典型的關係。尼采有嚴肅的哲學工作要做，並對婚姻有種種疑慮，至少有一項存在已久的疑慮，理由是像這樣的承諾會扼殺他的創造力。他與母親及家人之間令人窒息的關係，使他對新的限制小心謹慎。在他與莎樂美見面之前，他告訴雷，兩年的婚姻，他所能鼓起的勇氣就這麼多了，然後他說，只能先「看看我接下來十年有什麼要完成的」。不過，尼采還是承認自己渴望心靈相近的同儕情誼。「我期待這種類型的女人……，」他向雷坦承。到了三月底，中年的尼采已經把他的行囊打點好，上路前往義大利，去完成一段不名譽的三角戀愛。

尼采或許是在錫爾斯瑪利亞外頭的錐狀岩上發現永劫回歸的觀念，但查拉圖斯特拉的種種轉折，他可能早在羅馬的另一種「磐石」處就已經想到了——一八八二年四月二十六日在聖彼得大教堂[7]。他第一次見到莎樂美，是在一間沒人的告解室裡。「我們從什麼樣的星星墜落，而在此處相見？」照莎樂美的說法，這是尼采吐出的第一句話。這場會面沉鬱嚴肅，莎樂美寫道，哲學家的儀態正經八百，把她「當成傻子且令人目瞪口呆」。但他們倆之間很快就變得沒那麼正經八百，其實是不正經到了瘋狂的程度。他們第二次見面，尼采就向莎樂美求婚了。「太快了，」他解釋，「寂寞的人把手伸向他所遇到的人。」她拒絕了。他又試了一次，這是第二次，成果同樣豐碩。

一八八二年春天，年方二十一的莎樂美提議，要尼采和雷當她的旅伴，從羅馬前往她的祖國俄羅斯。他們當然接受了。他們並未走完全程，但當他們最後抵達琉森時，尼采雇用波內特（Jules Bonnet）拍了一張棚內照，捕捉到他們關係之中的一點什麼：莎樂美手握鞭子，站在一輛馬車裡；尼采和雷，在馴獸的位置上，受她驅使。尼采愛上女人，或許是第一次，

6 一八七五～一九二六，德語詩人，除了創作德語詩歌外，還撰寫小說、劇本、雜文、法語詩歌，以及書信集。對十九世紀末的詩歌裁體和風格與歐洲頹廢派文學，都有深厚的影響。

7 指《新約．馬太福音》第十六章，耶穌說：「你是彼得，我要把我的教會建造在這磐石上。」

也是唯一的一次。這趟旅程回到尼采的知性發源地——回到瑞士和北義大利——但這次有一位他所傾慕的女子同行。景物依舊，但他希望與莎樂美相處的經驗會有所不同——他終於可以克服構成他大半人生與著作特色、令人為難的與世隔絕。這趟旅程有所不同，但並非這個年輕人所期望的方式。

尼采想要的，不過就是在莎樂美身上找到自我，而且差點就成真了。五月，他們倆在義大利阿爾卑斯山區歐爾塔湖上方的聖山修道院健行。回顧那次健行，依莎樂美的評語，這是他們倆的關係中名符其實的高峰。從那兒之後，鐵定是下坡了。隨著他們的關係激化，尼采的哲學沉思亦然，似乎從無私的自我克制，失控般轉變為自私的妄自尊大，那是有些人在成年初期頻頻往返的兩個極端。莎樂美想不起來他們倆曾否在聖山頂上親吻，但她確實記得尼采在健行途中說了什麼、成為了什麼。尼采以安靜的語調，「用上最大駭怖的所有徵象，」講述著永劫回歸的故事。然後，依其心愛之人的說法，浮現了人上人的第一幅景象：

一開始，他藉由自得其樂的幻想、夢想及狂喜般所見的異象，打造神祕的高等人類範型；然後，為了把自己從自己手中拯救出來，他試圖藉由一次巨大的跳躍，讓自己與他們同化。最後，他成了一種雙重形象（dual figure）——半是病苦、半是獲救；一個暢笑且高人一等的人類。一方面像個受造物，另一方面則是造物主；一方面聲言現實，另一方面則是神祕的超現實。

這段文字總是讓我覺得嚴厲到沒有必要。就雙面性格而言，尼采並不孤單。對大多數人類來說，真實與可能之間的缺口偶爾會開啟，精確揭露出此一分歧。但我只能假定，對尼采來說，這是一道深淵。他所曾想望的，而如今想像的，一直都超乎他所可能擁有的。

在一個旁觀者看來，此種精神分裂令人頗為不安，莎樂美便是如此，而尼采並沒有做什麼來紓解她的憂慮。他的真實是孤獨的真實，而她則是作為一種令人屏息的可能性。在莎樂美看來，尼采同時表現出兩種面向，讓她瞥見尼采生命中經常踩到的斷層線。尼采先是解釋他與世隔絕的後果：「孤獨者如我，我必須慢慢來才能夠認識他人，即使是親近的人。」但緊接著，這個孤獨者便吐露大膽的全新可能：「坦白說，我想要讓妳盡快孤單一人。」毫無疑問，這話說得老實，但也說得過火，或許還有點令人毛骨悚然。五月底在瑙姆堡，尼采寫信給莎樂美，提醒她別忘了他們在一起的時光：「夜鶯整夜在我窗外歌唱。——就各方面而言，比起現在的我或可能的我，雷都是個更合適的**朋友**；請好好注意我們兩人之間的區別！——當我完全孤單一人，我經常，非常地經常，大聲說出妳的名字——這會令我得到非常大的喜樂！」這些話，即使對莎樂美而言，都是不該聽見的告白。

夏天過了一半，在萊比錫，這個當初尼采啟動其種種研究及自我發現之哲學計畫的城鎮，莎樂美和雷已經開始與他劃清界線。他極度震驚，而且，和大多數震驚的男人一樣，暴怒：「雷和莎樂美那兩個人，」他在一八八三年八月自己生悶氣，「不適合舔我的靴子（請原諒太過於陽剛意象！）。」早期關於尼采和莎樂美的評論認為她是他的學生兼祕書，但這些信函說出了不一樣的故事。她是尼采的繆思，也是始終不變的挑戰，是使他沉思自由精神之真正意涵的驅策力量。但在此過程中，莎樂美決定要擺脫他。而且日後她解釋，她逃脫得正是時候。

尼采的妹妹伊莉莎白介入了這段關係，但她絕非她的哥哥與莎樂美關係破裂的決定性因素。一開始，「三位一體」是三個自由靈魂組成的修道會，但很快的，尼采一想到要與另一名男性同伴共享莎樂美就恨。「每次三個人對話時，」他解釋，「其中一個人是多餘的，因而妨礙了對話的深入。」這被用來當作甩掉電燈泡的正當理由，但經過了一八八二年夏天，莎樂美開始疏離的不是雷，而是這位來自巴塞爾的教授。在接下來的這一年，他將是被甩得遠遠的那個。

當關係破裂露出端倪，尼采做出許多孤單絕望的人會做的事——他正面迎戰。不顧一切，真的是。如果莎樂美打算不要他，他就必須先拒絕她。但棋差一著，莎樂美和雷一起跑了（雷之後又陪伴了她兩年），而尼采只能拿酸葡萄來滿足自己了。在那些加速莎樂美遠離的通信中，尼采寫道：「不要寫這樣的信給我！給我那種可憎的東西是什麼意思？妳難道看不出來嗎？我希望妳自我提升以超越我，這樣我就不需要對妳感到輕蔑。」是有可能把這個輕蔑理解為深沉持續的傷害之兆，當時我大概就是這樣理解，但我現在認為是另有所指，兆示著一個找不到自己方向的男人。尼采希望他和雷、莎樂美的關係「就這樣」——修道式且理想性，但又排他而親密，而且總是照他的規矩來。他不是一個能妥協的人，而且很難假裝成本來面目以外的樣子。男女關係往往包括對我們所愛之人撒謊——說些適合給我們所愛之人聽的半真半假話。我們謹慎拿捏哪些說、哪些不說。愛的遊戲有一部分便是如此，而尼采是個恐怖玩家。他似乎把他心裡浮現的一切都說或寫了出來，而聽的人或可接受、或可置之不理。當莎樂美對他說的、寫的，以及他本人，置之不理，他便勃然大怒。

此一怒氣迴響在查拉圖斯特拉身上、在他反對婚姻的胡言亂語裡、在他偶爾向對談者發洩的積怨中、在他不耐煩尋常禮儀或健全神智所衍生的世俗事務。我想，把查拉圖斯特拉的演進，當成對作者此一時期個人騷亂的理解之道，應該是安全的。一八八二年九月十六日，尼采寫信給莎樂美，為她日後詮釋尼采人生所運用的理論背書：「你把哲學體系降階為創立者個人紀錄的這個想法，不折不扣是『孿生腦』想出來的點子。我在巴塞爾就是從這個角度在教古代哲學史，我也喜歡告訴學生們：『這個體系已遭否定而死亡，但你無法否定其背後的那個人——那個人是殺不死的。』」

關於《查拉圖斯特拉如是說》，有許多見解深刻敏銳，也有許多是執迷不悟。該書共四卷，撰寫於一八八二年到一八八五年之間，是尼采最受爭議的作品。有些人說這四卷出色精采，其他人、很多的其他人則說不知所云。但我認為，有一件事千真萬確。就連否定這四卷書的那些人，也無法否定其背後的那個人。人們從查拉圖斯特拉身上看到的矛盾與弔詭，在某種隱隱約約的程度上，就是尼采自己。而這一點，我相信是沒有弔詭。在不一致性當中，有一種已達勇敢等級的忠實存在於書與作者之間，而如果我們誠實的話，也存在於書與讀者之間。這種忠實描繪出現代心靈的分裂特性。

一八八二年十一月，他們的愛情骰子已經擲下，尼采寫信給莎樂美指出，他對她感到輕蔑，只不過是他對自我感受的衍生物：「直到今年之前，我都不知道自己是多麼缺乏信心。說白一點，是對我自己缺乏信心。**我與友伴們的關係，毀了我與自己的關係……**」此一危機——同儕情誼可能會摧毀自我人格——正是《查拉圖斯特拉》之核心。有時候，看起來好似該書真正精髓就在此一風險，而非永劫回歸，但這個說法並不盡然正確。永劫回歸是該書精髓，卻一直被威脅著要強加於自我之上。自我並非密封隔絕、統合一元的行為者（尼采對此知之甚詳），但其茁壯發展取決於兩件事：第一，自我可以在最大可能的程度上選擇自己的道路，然後，若是做不到，自我可以擁抱降臨其身的命運。戀愛對這兩項條件皆有危害，這是尼采從雷和莎樂美身上學到的。是自己的選擇，也是情勢使然，尼采最後成了孤家寡人。「要孤獨地活著，」他寫道，「人必須是獸，或是神，亞里斯多德如是說。他漏掉了第三種狀況：人必須兩者兼具——是哲學家。」

一八九四年，當尼采在精神病院的角落前搖後晃，莎樂美幫他寫了第一本傳記，主張他的悲劇結局是唯一可能的結局。她力主「為了在尼采的著作中找到我們的道路，必須把注意力導向人類，而非這位理論大師。就此意義而言，我們的沉思不會得到一幅理論性的世界圖像，而是人類靈魂及其所有偉大與病態的圖像。」對尼采來說，他的哲學著作與內在生命，套句莎樂美的用語：「全然合而為一。」他的瘋狂並非腦瘤、梅毒、甚至躁鬱症的後果，而是其哲學的必然結果。太過深入鑽研尼采的個人主義、懷疑論、追求完美與反偶像崇拜，就是在捋精神病理學的虎鬚，並以最快速度脫離穩定的同儕情誼所提供的舒適圈。這就是一名讀者在《查拉圖斯特拉》一書時的發現。

旅館一片寂靜，除了我的腳走過紅色地毯的拖曳聲。森林之屋的客房房門鑲有漆得極亮的堅實橡木板，這些板子是將整根長滿樹瘤的原木縱剖後巧手製成，然後一片一片拼接，製造出完美的鏡像——一模一樣的相似，一模一樣的相異。在大廳裡，蝴蝶、雲朵、天使、臉孔從我身旁經過。移動式的墨漬測驗（Rorschach test）[8]。一小時後，我屏息站在七十八號房門外：兩隻孔雀面向彼此，用懷疑的目光瞄著我。我朝下瞪著牠們達一分鐘之久，但接著注意到，或應該說是感覺到，有人在我後面盯著我看。一名穿著灰色套裝的禿頭男子，顯然是夜班行李員，出現在大廳的盡頭。他沉著地看了我一眼，很快地笑了一笑，然後就走開了。我顯然不是他在飯店裡遇到的第一頭潛行獸。

五點五十一分。來回又爬了七個、八個、十二個樓層：我加快速度，汗水開始溼透睡衣。晨曦照上我身。我很快就得回房，在表面生活中好好表現一番。我安適地坐在宏偉的大理石樓梯頂一張柳條搖椅中，閉上眼睛，坐了就一分鐘而已，我是這麼認為。

在《查拉圖斯特拉》真正開場之前，我們就在半途發現他了。三十歲那年，查拉圖斯特拉捨棄他的「家和他家的湖」，前往高山之巔，享有孤獨的精神。他將追求過一個人的生活——是獸，也是神——而且，依尼采所言，成為哲學家。但十年後，在大多數人所謂的中年，他漸漸厭倦他孤獨的智慧，「就像蜜蜂採集了太多蜜。」換言之，他變得太孤單，決定要重返文明。「查拉圖斯特拉的下降如是啟始。」一開始，在下山途中，他什麼人都沒遇到，但隨著他越來越靠近山谷，在一處樹林中，查拉圖斯特拉發現一位熟識的老人，一位聖者，而老人看出這個山裡人已經改變了。他的確是。他現在孤孤單單的，而且不是開開心心地孤單。但查拉圖斯特拉為他的重返提出另一個比較寬宏大量的理由：「我愛人們，」他如此解釋。於是，他繼續前往下方城鎮尋找所愛之人。

在該書一開始的章節中，把愛和需求截頭去尾、混為一談，是查拉圖斯特拉的一場災難。他假裝去愛，但其實，他的愛是一種不在意他人感受的粗率需求，需求那些依其自身形象塑造的同伴。查拉圖斯特拉尋找那些會接受其人上人教誨的人們，一如他已經接受那般，這反映出一種自戀的渴望，而這種渴望必須以一板一眼、謹遵指示的方式加以滿足。這是關於人類友誼、姑且聽之的寓言——預先將一切安排妥當，就為了彌補心靈或個人的匱乏感。然而，查拉圖斯特拉在市場遇見的候選愛人和朋友，對於填補虛空出力不多。他們太渺小、太愚蠢、太人性了。

8 一種人格測驗法，受試者針對十張染有墨漬的卡片，回答最初及最後的印象，據以判斷受試者的性格。

查拉圖斯特拉不是唯一一個混淆了愛與需求，也不是唯一一個經歷此一混淆所帶來的心痛。在某種層次上，讀者了解到，對友情或彼此交融的追求，是打從一開始就命定的。查拉圖斯特拉尋求不可能的友誼，既要奉承迎合、又要充滿力量。他需要徒眾與聽眾，但他希望他們有自由的精神——換言之，不會屈身追隨或聽訓的人。當鎮民無可避免地不稱所求，「查拉圖斯特拉難過了起來，並捫心自語：『他們不了解我……他們看著我笑：而且他們甚至一邊笑、一邊恨著我。他們笑中帶冰。』」因此，查拉圖斯特拉再次離去，走向他與世隔絕的幽徑，走進黑暗，「因為他習慣在夜裡行走，喜歡探看所有入睡者的面容。」全書就是一個男人在黑暗與光亮、隔絕與共處之間往返來去的故事。

《查拉圖斯特拉》的「序言」還有另一種詮釋方式，關於查拉圖斯特拉何以無法與人結交或相愛的另一種解釋。如此明顯，以致我第一次閱讀時甚至都沒注意到。他與世隔絕無關乎他沒有朋友，而是關乎他強迫人們聽的訊息：**上帝已死**。這是一項令人不快的發現，但依查拉圖斯特拉之見，這不值得大驚小怪。

上帝已經死很久了。我們對神性的信仰已遭各種力量持續猛攻所侵蝕：科學進展、理性年代、現代資本誕生、消費主義令人目眩神迷、國家神格化。上帝沒機會了。祂的死不能當作慶祝的藉口，頂多是創造出需要填補的真空。正如杜斯妥也夫斯基（Fyodor Dostoyevsky）[9]

率先下了評語，當祂缺席，一切都得到允許；有些新的事情可以做，或是必須做。查拉圖斯特拉希望能由一小群具有自由精神的人一起來做。正是因為心裡惦著這件事，他擴大關於人上人的教導，一種關於自我超克的教誨。在一個後神學的世界裡，自我超克依然是少數僅存的目標之一。這是一種令人興奮、驚駭的可能性，會給剛萌芽的人際關係加上難以支撐的重量。

所以，關於尼采的自我超克，到底有什麼令人如此驚駭？查拉圖斯特拉解釋，自我超克存在於三種「變形」（metamorphosis）之中。首先，人必須變成駱駝，負載著往昔、傳統、文化束縛的沉重包袱。我總是覺得此一變形是其中最為殘酷的階段。通常人們在畫駱駝時，駱駝是呈完美的一路縱隊行走，盡責地載運其行囊。但不盡然如此。駱駝是巨大、固執的生物——真的是沙漠怪物——並非天性便屈服於加諸牠們身上的嚴格限制。所以，在將行囊放置於牠們背上之前，必先使其崩潰。每一頭駱駝都被綁得死死的。然後挨餓。如果飢餓沒有削弱牠們的意志，就開始鞭打。人就是這樣變成一頭負重之獸。

9 一八二一～一八八一，俄國作家。重要作品有《罪與罰》、《白痴》以及《卡拉馬助夫兄弟》。

但尼采接著寫道，在最最孤寂的沙漠中，第二種變形發生了：「精神在此變成將要征服而得其自由的獅子，且變成其自身所處沙漠的主人。」獅子甩掉駱駝的行囊，而且我們只能合理推測獅子吞掉了往日的主人。這種劇碼吸引了最叛逆的——甚至包括某些看起來勤奮好學的——青少年，大概也解釋了查拉圖斯特拉何以在二十世紀大受歡迎。獅子是「創造自身的自由，也是神聖的拒絕（sacred No），甚至是對義務的拒絕。」這種「神聖的拒絕」是對一切眾所公認之價值的否定，是予以考量，然後加以抹淨。不，這還不夠激烈。獅子是唯一能與查拉圖斯特拉所說的「汝當」（Thou shalt）之龍搏鬥並予以擊殺之獸。這頭龍必須死，如此一來，獅子的意志——真正的個體意志——就能活下來。

對我們很多人——我敢說是大多數人——來說，這完全符合我們的所作所為。我們熱切擁抱與眾不同，投注餘生當一頭獵殺之獅。依尼采之見，當一頭獅子沒什麼好丟臉的，而其好戰精神不易維持，從而帶了點英雄氣概。的確，到了該書結尾，還是沒說清楚查拉圖斯特拉本人是否經歷了第三種、也是最後一種的變形。然而，有一件事是獅子做不到的，因而獅子還是得變成一樣東西。獅子可以強行讓自己免除義務與負重，但這種一味反對的說法缺乏創造新價值的能力。為了新價值之故，獅子必須變成孩童。其中有著年輕的獨特價值：「孩童是純真……是新的開始、是嬉戲競賽、是自我推進之輪、是初始之動、是神聖的我要。」

獅子的局限在於牠仍與舊日作法綁在一起，即便只是為了拒絕這些作法。而孩童，依尼采所言，有著近乎奇蹟的能力，能夠遺忘並往前進。孩童將會創造哪些新價值呢？查拉圖斯特拉認為這一點都不重要。這些價值是新的——而且看起來是你以前從未見過的。此外，這個問題虛構出孩童所沒有的憂慮。

對尼采、對查拉圖斯特拉來說，友誼與戀情的價值，要依其有多大能耐促進這些變形、推動人上人之目標、彌補上帝之死來衡量。查拉圖斯特拉在尋找不同尋常的朋友或愛人。「在你的朋友身上，你所愛的應當是作為你追求目標的人上人，」他如此教導。你在一個人身上所愛的並非身體或個性，而是某種更崇高的理想，這是種非常老氣的想法。亞里斯多德相信，真正的友誼是與另一人之最高德行為友。但尼采的友誼圖像有些微的差異：他所追求的同儕情誼理想是人上人，一種樂於擺脫德行與常情之束縛，以追求更加解放之未來的存有。

尼采已經嘗過與莎樂美之間的這種關係。這種關係對於人心的鼓舞極大，但不安定性也同等之大，部分是因為其賭注是如此之高。當然，在尼采的時代，就像在我們自己的年代，有各種方式去克服這種不安定，以一種可以讓我們在夜晚安眠的方式來改善事態。當時有一種方法，今日也有，那就是結婚。但尼采擔心，這種愛戀的友誼，而非對彼此的自我超克之促進，會緩慢但堅定地淪為「愛」鄰人，也就是物理上但非精神上的密邇。「你們圍聚在鄰人周遭、甜言蜜語，」查拉圖斯特拉指控，「但我對你們說，你們愛鄰人就等於不愛自己。你們從自己這兒逃到鄰人那兒，還想把它說成是一種美德：但我看穿你們是**沒有自我**。」

我從搖椅起身，溜回美景房，但在進房前，我決定再繞一圈。所有房門都有編號，除了一扇之外。我有一種幾乎是強迫症、想要打開東西的迫切感，於是就開了。房門盪開，露出一座窄梯，通往上面一道短短的走廊。七雙鞋子擺在三扇平凡無奇的門外。我猜想這就是員工住處。我轉身要離開，卻發現了第四扇門，三〇一號房，門開了一點點。房間是空的，小小的，天花板低矮。房間後面的牆上還有梯子，通往另一個房間，過一會兒我就知道那是天文台，是飯店的至高點，還有一片美景。圍成圈的幾扇半圓窗開向群山，而群山才剛剛開始准許敞開通道，讓陽光照進下方的谷地。很難在此刻離去。《查拉圖斯特拉》的最後一句，尼采寫道，他「離開他的洞穴，光輝熾烈，一如出乎黑暗群山的朝陽。」這等趾高氣昂，懷抱著希望、充滿著期待，但我知道，要從這些山嶺下來，還有其他更險峻的方式。

我後來知道，三〇一號房是尼諾（Nino）的房間，一直是空的。尼諾曾是旅館的夜班行李員，他和櫃檯領班諾勒迪．加瑪拉（Noldi Giamara）是多年老友，經常一起在天文台吃東西。諾勒迪表示：「上這兒來，你非常接近天空，感覺像個君王，但你什麼都不統治。你靠近你工作的地方，但還是離得很遠，就像我們所談論的種種話題。」幾年前的季夏，諾勒迪和尼諾在義大利境內鄰近山區的法爾席亞芬納健行。他們分開走，諾勒迪走前頭，好趕上他與理髮師之約。「在小路交會處，」諾勒迪寫道，「尼諾一定是走錯路，走了上面那條。」暴風雨急至，小徑溼滑。他們在次日上午發現六十八歲老人的屍體。有時，人們必須小心，別一不注意就走了上面那條路。

我俯瞰谷底，一覽無遺，沿著山谷盡我所能北望，直至聖莫里茲湖上方的群山。這是保羅．雷一九〇一年畢命之處。尼采死後，雷搬去錫爾斯瑪利亞，為當地民眾做醫療照護。年老的雷過著一種看似聖人的生活——有些人稱之為托爾斯泰（Leo Tolstoy）[10]式——無私地幫低地區農民做些簡單的日常生活事務。那一定是相當美好的生活。但雷在十月二十八日前往

[10] 一八二八～一九一〇，俄國小說家、哲學家、政治思想家，也是非暴力的基督教無政府主義者和教育改革家。著有《戰爭與和平》、《安娜．卡列尼娜》和《復活》這幾部被視作經典的長篇小說。

高地，獨自一人環繞莎納杜拉峽谷邊緣健行，就在尤利爾山口西方。沒有人確知他是怎麼掉下去的。據說在死前那幾天，他告訴一位相熟的友人：「我必須談論哲學。等我把哲學談論的題材用光，最好就死了算了。」死得其時：這是查拉圖斯特拉的教誨。雷知道這不容易，往往得要刻意選擇高處那條路才行。

我小心地拾階而下，沿著那條通往柳條搖椅的路往回走，回到美景房，我的孩子和親愛的康德派平靜安睡之處。

第六章

在山上

我們，我們所有人，都是正在膨脹、趨向噴發時刻的火山；
但這一刻是近、是遠，沒人知道——就連上帝也不知道。

——尼采，《快樂的科學》，一八八二年

一八八五年，《查拉圖斯特拉》完成，但就諸多方面而言，這只是個起頭。借用考夫曼（Walter Kaufmann）[1]的話，這是尼采第一次嘗試「呈現他整個的哲學。他先前的作品全都是他發展過程中的階段：藉由《查拉圖斯特拉》，開始了最終階段。」讀者所接收到的，是難以捉摸、對於山巔的一瞥，是尼采將投入餘生、試圖揭露並描述的一幅景象。《超越善與惡》在一八八六年秋天一出版，他就寫信給他的朋友布克哈特（Jacob Burckhardt）[2]：「請讀此書（雖然所講的與我的《查拉圖斯特拉》是同樣的東西，但有所不同，非常不同——）。」在《查拉圖斯特拉》，人們得到關於永劫回歸與人上人的印象派意象。在《超越善與惡》，主要用到的是象徵手法和隱喻。這是對遮蔽查拉圖斯特拉所攀爬之高峰的一切事物，發動系統性的哲學攻勢。

《超越善與惡》是一項創業實驗的一部分：尼采決定要自己出書，而且他計算出他只需要賣三百本，就能讓他的投資回本。但結果只賣出了一百一十四本，六十六本送給當地報紙和期刊。掃清山巔將會是一門寂寞的生意，而尼采在這災難性的冒險中所得到的結論是：「人們根本就不想看我的文章。」他必須孤身前往。然而，到了二十世紀中葉，當尼采研究開始站穩腳跟，書的發行量激增。其中一本就埋在我行李箱中蓓卡玩具的底下。吃過早餐後，我把它挖了出來，塞進我的背包裡，答應卡蘿會在午餐前回來，就離開旅館去慢跑了。

我找到了步道入口，就在多年前我離開之處，尼采之家後面的角落。步道直接往上，事實上，是陡峭到有人在我缺席的這段期間，明智地添加了階梯。走在陡峭的斜坡時，一直都有一種緊張感。最好是放慢你的步伐，讓你的身體依費力程度而調整。但我沒時間這麼做，我必須在午餐前回去。「盡可能不要坐著，」尼采在一八八八年如此教誨，「不要相信任何非蘊生於開闊空氣與自由運動中的觀念——而且肌肉也不會在這種情況下狂歡。」我的肌肉可以晚一點再狂歡。一邊在稀薄的空氣中喘氣呼吸，我到達了林線，朝著山脊盤旋而上，我知道在那兒至少可以看到，就算沒走到，真正的高處。「靜坐不動，」我的隱士解釋，「是真正忤逆聖靈的罪。」

1 一九二一～一九八〇，美國哲學家，主要研究範圍是倫理學、有神論、無神論、存在主義、基督教及猶太教。他是研究尼采的著名學者，尼采的著作大多為其由德文譯為英文。

2 一八一八～一八九七，生於瑞士巴塞爾，是傑出的文化歷史學家，研究重點在於歐洲藝術史與人文主義。最著名的著作是《義大利文藝復興的文化》（*Die Kultur der Renaissance in Italien: ein Versuch*）。

有好幾分鐘，什麼都聽不到，除了我的拖鞋踩在塵土上的聲音。但接著，我開始察覺到逆風之中有什麼別的：遠處模模糊糊的嘟囔聲，越來越大聲、越來越靠近、越來越令人困惑，直到我弄明白了，這聲音是我發出來的。在山裡，有些東西是不可能壓抑的。這就像是十九歲，但氧氣少一點。在氣壓略低的狀況下，我暫時放慢速度，在步道通向下一處高地之前做做伸展操，放鬆一下。當尼采在這些步道上來回奔波時，他是在追尋一種可以在生命中有著力點的哲學：「關於書、人類或音樂作品的價值，我們的第一個問題是：他們／它們能行走嗎？」他們／它們能挺直站立、承載自身重量、跨步移動且促成進步嗎？依尼采之見，大多數哲學家、大多數的哲學，都辦不到。我整理一下背包，拿到我出門前找出來的那本小書。只是短暫休息一下，接著我就要繼續上路。

《超越善與惡》的首要標靶有二：康德與女人。康德，偉大的西方法典道德理論家之一，有一套把尼采逼瘋的義務理論，而且是以一種不太好的方式。這個來自柯尼斯堡的小個子有一套倫理義務的觀念，威脅著要尼采放棄他的自由精神願景。但康德出了某種更根本性的差錯；甚至早在他的倫理理論獲得成功之前，他的哲學系統就出了某種基礎性的差錯。在轉向倫理學之前，康德是個知識論學者：他想要知道人類心靈能夠獲取何種真理。康德在一七八〇年代的研究，對上了休謨（David Hume）[3]的懷疑論及其他的英國經驗論者，他一心一意要加以克服。現代懷疑論者已進展到幾乎要將真信念（true belief）的觀念化約為純屬風俗、意見或慣習——也就是說，根本就所剩不多——而康德想要讓真理與確定性的首要位階起死回生。他以一種詭異且尼采認為在哲學上可疑的方式辦到了。

康德主張，人們明白與世界有關、無可置疑之真理，因為人類擁有某種心理官能，而這種官能可以明白與世界有關、無可置疑之真理。他的理論比這個還要複雜，但差不了太多，而尼采認為康德在一個循環論證上灑了不少的墨水。康德運用此一循環論證來解釋價值——道德與美學的判斷——從何而來。人類藉由理性探明真理的能力，使他們與眾不同——如此不同，以致他們其實擁有「無與倫比的價值」。這意味著他們無法被買賣或利用，或是用他的話來說，無法「僅僅當成工具」來運用。這是一則好故事，卻是一則始於循環（謬誤）論證的故事。這則故事毫無值得一提之處，一丁點也無，如果歐洲哲學史沒有花上超過一個世紀來捍衛康德至高無上之勝利的話。在一個世紀後這麼寫的尼采，已經受夠了。

3 一七一一～一七七六，蘇格蘭哲學家、經濟學家和歷史學家，是蘇格蘭啟蒙運動以及西方哲學史中最重要的人物之一。

道德價值從何而來？依尼采之見，並非來自晦暗不明卻使人類心靈得以掌握真理的心理官能，而是來自一種基本需求，來自一種如此普遍且基本、致使現代社會建立於長期抗議及掩飾之中的恐懼：對於存在之不確定性的恐懼。我與卡蘿不曾在這個論點上爭執過，但我曾問過：「康德是哪一點吸引妳？妳知道他是個脾氣暴躁的性別歧視者，對吧？」對，她知道。她只是不在乎而已。他給了她所謂的「顯明確定性」（manifest certainty），這使得其他一切似乎都可原諒。顯明——一如清楚、顯而易見、明顯、顯而可感、定然、自明。就是那種確定性。她甚至不那麼在乎論據，只在乎結論：每一個人類都因其理性官能而具有無與倫比的價值，而這意味著當論及道德判斷的計算，沒有人會比他的鄰居有任何一丁點的優越。

康德的循環論證許諾了一種卡蘿可以忍受、也會繼續忍受下去的獸性平等。我對她的了解夠深，所以不會去爭論這一點。她在加拿大薩斯喀徹溫省的一個小鎮長大，離象牙塔很遠。她在十四歲那年找到第一份工作，是在她的臥室窗戶就能看到的貨車休息站當服務生。人皆因其理性力量而平等，這個觀念是一項無須以學術方式證明的公理。它有一種無可置疑、**實際**的力量，是引領她離開貨車休息站的信念，後來更成了使她生命大受鼓舞的加拿大性別平等運動的支持力量。否定其有效性，就是否定她所成就的一切：一名大學畢業生、一名博士生，後來成為一位哲學領域的女性終身教授。卡蘿捍衛康德的顯明確定性，猶如這是她一生之所依，因為，在某種程度上，的確是如此。

尼采的解釋是，哲學上所有的崇高思想，往往歸根結柢就是要滿足某些獸性需求——對於保護的渴望、天擇中對於養分的適應傾向、有效熬過危險世界的手段。這就是他所謂的「真理意志」（the will to truth），這種力量驅使康德發展出日後主宰西方哲學的系統。尼采建議：「意識思維有更大一部分必須被算在**本能**作用（instictive function）上，就連哲學思考也是如此……」人們受到顯明確定性的吸引，並非出於理性論證的結果，而是原始恐懼的自然發展。

我又動起來了。天啊，還有好長一段路才能走到底下。絕對確定性在這兒堅持不下去了。步道變窄，我腳下的塵土換成了輕輕踩過的岩石。我的左邊是隆起於上而不知多長的花崗岩牆，我的右邊是沉落於下而不知多深的虛空。沒有欄杆或安全網。在他長篇大論反對康德之後，尼采轉向以「自由精神」之身行走的可能性。這些獲得解放的思想家看起來會是什麼樣子？尼采強力主張，有一點是可以確定的，「他們不會是教條主義者。他們的真理也應當是眾人的真理，這必然牴觸了他們之所引以為傲，」他解釋道，「也牴觸了他們的品味……『**我的**意見就是**我的**意見：他人無權輕易得之』——這樣的未來哲學家會這麼說，或許吧。」

尼采預告了新哲學家即將到來的年代，他稱這種哲學家為「未來哲學家」。或許他們也會因真理意志而動搖，但這些新思想家不會狂熱地把它當成指導範型來追求，或是更加危險地，把真理與宏偉的幻想給混淆了。依尼采之見，康德的「顯明確定性」有加以羞辱一番的價值，因為它擺出了客觀性之姿，一個充分陳述且表之以絕對真理的脆弱論證。在〈論自由精神〉（On the Free Spirits）一章的結尾，尼采將此一論述徹底移出真理之外。他那些哲學家們將奉生命意志（the will to life），或是名氣更響亮的，強力意志（the will to power）之名而撰述。強力不同於佯裝做作的真理。非常不同。

太陽幾乎就在頭頂正上方。我答應過卡蘿，會在午餐前回去，而我們非常重視這樣的承諾。我給了群山——特雷莫吉亞峰與佛拉峰，兩峰皆有一萬一千英尺——充滿渴望的一瞥，轉身回錫爾斯瑪利亞。如果我用跑的話，午餐前可以辦到。跑下山是一種控制之下的自由落體。經過這麼多年，我還是沒有做得很得心應手，但已經能夠樂在其中。理想上，你讓你的雙腿縮短、步伐放輕，並抗拒你天生的膽怯，朝下坡方向傾斜。許多優秀的跑者說，這和跳舞不無相似之處：肩膀放鬆、手臂輕盈擺動。尤其是，不要踩煞車。突然停住是弄斷東西的最佳方法。在他關於未來哲學家的演講尾聲，尼采脫口說出無法自抑、沒完沒了的一句話：

> 精神的諸多領域已熟稔有如在自個兒家，或起碼是自個兒家的客人；一而再逃離陰鬱但宜人的角落，而在這角落裡，偏好與偏見、青春、源起、人與書的意外碰撞，甚或是旅行的疲憊，似乎圈限著我們；對他隱藏在榮耀、金錢、地位或感官異常亢奮之中引人淪於依賴的誘惑充滿敵意；即使沮喪、病情一波三折也心懷感激，因為這些總是讓我們自某種規則及其「偏見」中解放；對上帝、惡魔、羊群與我們心中的蟲心懷感激；對過失感到好奇；這些已達殘酷程度的探究者，有毫不猶豫的手指以應難於捉摸者，有牙齒與胃以應最難消化者，準備好要投入任何需要睿智與敏銳感官的事業，準備好要從事每一項冒險，皆出於「自由意志」之過剩；有終極意圖難以探測的前世與今世之靈魂，有著任何腳步都跑不到盡頭、隱藏在光幕之下的前台與背景，是占有者，雖然我們看似坐享祖產的敗家子、從早到晚都在搜刮和指使人、家財萬貫金銀滿櫃的守財奴，精打細算於學習和遺忘、滿腦子陰謀盤算，有時自得於分類作表，有時拘泥而迂腐，有時整夜工作如夜梟，甚至是整天，沒錯，有必要的話，甚至像稻草人一樣——而如今確實必要，也就是說，因為我們是天生的、賭過咒的、善妒的**孤寂**之友，是我們自己最深沉的、從午夜到正午的孤寂——我們就是這麼一種人，我們是自由的精神！

我知道我就要滑倒了；穿著我那破爛的跑步鞋，這勢必會發生。但真的滑倒時，我幾乎就要回到鎮上了。這趟下坡路一直到那一刻都很平順，而且森林之屋已經在望，我失去了戒心。我不再腳步輕踏，而是砰砰作響地朝著重返文明的寬闊礫石路之終點線奔去。我那實在完全不該碰觸地面的腳跟，踩到幾顆鬆動的石子，我人就下去了。是滾下去，真的。只有一點點與路面磨擦的傷痕，還有稍微扭傷的膝蓋。沒有什麼英雄氣概需要堅持。我及時趕回來午餐，有一個下午可以休息，就該夠我開心的了。

「那本啊，親愛的，是最愚蠢的書啦，」卡蘿指著我那本《超越善與惡》說道。

她不是要挑起爭端，只是陳述事實。我正在桌上打開包包，她從桌邊走過，笑著掐了我手臂一把。桌上撒滿了蠟筆和公仔，我清出一個空間放我的寶貝書。

她告訴我，康德的論點並非循環論證，是假～言～論～證（hypothetical），她一字一字慢慢地說，好讓我跟得上。這是一種若—則論證（if-then argument）**若**人們認為有客觀道德價值這種東西，**則**其必根基於令所有其他價值得以可能之事物，也就是我們的理性能力。尋常事物——桌椅、著色本、公仔——具有價值，是因為有人賦予價值。如果沒有人在乎，它們就不再有價值。她舉起了蓓卡目前最愛的動物布偶。把布偶的頭砍掉如果有錯，她解釋，唯一的理由是因為這會把我們的女兒給嚇壞了。但到了下星期，當蓓卡變心有了新歡，我們就能安全地折磨這東西，而不會成了道德魔怪。依康德之見，人類和布偶不一樣：由於我們有精神官能，即使沒人在乎我們，我們還是具有價值。康德並不打算說服那些不相信真理或道德的人，而是想要提供對此二者早有信念的人一個支持論點。他講話的對象是心理健全、一般來說講求道德的人——而非尼采。

我們可以稍後再來討論這一點，但此刻必須為人父母。拿好冬季外套、抱起蓓卡，我們前往一度是我「父山」的柯爾瓦奇山腳下搭登山纜車。山谷裡是宜人的攝氏十八度，但山頂會是冰點以下。這裡，我還記得，是自由精神冥想禁忌之地。十九歲那年，為了尋找「父親」，我前來直面那幾乎將我吞噬的裂縫。如今我為人父，經過諸般辛苦，我應該已經逃過這樣的危險了。自從尼采死後，這座山吸引了眾多的朝聖者，最晚近有艾倫．狄波頓（Alain de Botton）[4]，他提出呼應尼采的觀點，令人屏息的美景唯有歷經艱苦的攀爬方能得見：

4 一九六九～，英國最具特色的才子作家、哲學家、製作人。著有《我談的那場戀愛》、《擁抱似水年華》、《哲學的慰藉》等膾炙人口的作品。

「完滿，是藉由明智回應足以將人撕裂之艱難而達致。謹小慎微的靈魂可能受激而當場拔掉臼齒，或是從柯爾瓦奇峰較低矮的坡道上跳下來。尼采力勸我們要堅忍。」狄波頓說得大概沒錯，但為人父母要堅忍，有時是指搭纜車上山頂，我們就是這樣。

即便如此，這座山還是很嚇人，蓓卡一開始還鼓不起勇氣呢。我抱著她，讓她看看纜車外面，但她沒興趣，把臉埋在我的脖子不想看。「太大了，」她呢喃著。我可以理解：這座山似乎真的比我記憶中的還大，以一種我年輕時毫無所覺的方式設下禁令。雖然很難親口招認，但我樂得有伴同行，讓我有藉口不去走登山步道。

到了一八八六年夏天，尼采開始歡迎訪客，尤其是年輕女子，來到他位於錫爾斯瑪利亞的隱居處。他充當他們的導遊大叔，參觀多岩崎嶇的哲學與地質形勢。其實，他的健康此時正在走下坡，只有女人還能讓他上這些步道來。沒有這些同伴，他根本沒辦法健行。美塔・馮・薩利斯（Meta von Salis），備受尊崇的瑞士馬施林斯（Marschlins）家族最後成員、法學與哲學學者，將頭髮剪短、特立獨行的貴族，堅定的女權提倡者，成了尼采最親密的朋友。馮・薩利斯憑一己之力，推著這位退縮的哲學家去迎合恩加丁的政治與知識菁英。他喜歡有她的陪伴，也感激她努力使他每天的存在明亮耀眼。比尼采小兩歲的猶太女子海倫・齊門（Helen Zimmern）[5]做得更好。她來到錫爾斯瑪利亞陪他健行，也翻譯他的叔本華研究、後來的《超越善與惡》。女性主義者、猶太女子，以及尼采：這是一組怪異的三位一體，但比起他曾想像與莎樂美和雷的那一組，絕對是更加地志趣相投。

儘管如此，尼采對於他的跟班們所扮演的角色，是愛恨交織。他本該是她們的上司，但從諸多方面來看並非如此。他們一起健行之後，女士們可以繼續漫步，但尼采往往得花上好幾天來恢復。他的偏頭痛又回來了，而且痛得令人衰弱。在這期間，他極其擔憂會變得體弱多病。這些年輕女子盡其所能讓他平靜，但她們的出現和協助可能只是凸顯出他自身的柔弱體質。我可以想像他的處境有多麼可憎。無疑的，他希望有她們的陪伴與慰藉，但對一個渴望攀上高峰、走上寂寞小徑的人來說，這種渴望並不恰當。我想，最好先去了解尼采對於這段過程中出現的女子所做的諸多評論。

在《超越善與惡》及其他地方，他是個厭女者嗎？很可能。有時候是。尼采反映出他那個年代的沙文主義，而且他反對把女權當成一種概念來奮鬥的想法，但他對於女人的評論通常顯現出困惑，甚至是恐懼，而非真正的憎恨。這就是說，某些時候，他無疑是憎恨莎樂

5 一八四六～一九三四，英國作家與德英譯者，致力將歐洲文化引介至英語世界。

美。「談到復仇與愛情，」他寫道，「女人比男人還野蠻。」而且在某些時刻，對於照顧他的女性，他心中很可能懷有不小的怨念。但整體來說，我願意這麼想，他太過聰明而無法對人類這個物種的半數做出草率的判斷，而且他反思過深而不自知，至少從事後來看，他偶爾發作的尖酸刻薄，是他自身缺乏安全感的一種表現。

然後，在怒氣噴發的當口，自知之明的空間所剩無幾。那天傍晚，我頭上的煙一定是快冒出來了。峰頂景色美麗、白雪覆頂，但窄小的纜車都快結凍了，而身體和身體的擠迫無助於溫暖這個金屬箱子。我們被迫靜止不動，這讓一切更加冰冷——鋁製容器裡塞滿了結凍的肉。一位來自肯塔基的大塊頭女人努力要卡進蓓卡和我之間，好把尼采最喜歡的山看得更清楚。她的好友也湊過來，揮舞著自拍棒，開始拍起照來。自拍棒會引發什麼樣的暴力？這個問題在下山途中多次浮現心頭，而當我陷入深思，一個柔軟、熟悉的聲音把我拉回水面：「親愛的，我們來拍張照吧。」

我並不想傷害卡蘿，或是來自肯塔基的女人。傷害自己——這才是我想製造的傷害。我那十九歲的自我，經歷這些年之後，依然在某處活著、踢著，拚命想宰了我，或是把我的屍體扔進一個非常暗黑的洞裡。我笑對相機，微笑馴服了動物。等我們到了谷底，照片就會貼上臉書，得到幾十個「讚」。人們預期我會「喜歡」（like）這些「讚」（likes），羊群的友誼將持續而不衰。我抱緊蓓卡，盡我所能想著那張照片。

帶家人來這兒，一直是個糟糕的主意。在我遇到卡蘿之前，從沒想要有孩子，連一丁點都沒想過。後來我還是有一段時間不想要。我大半的成年生涯一直是以不要變成我自己那個缺席老爸為前提，而且心裡一直默默希望自己能夠免於拋棄蓓卡或卡蘿的下場。但這並未讓我免於偶爾想著：如果我真那麼做了，大家都會更好過吧。

「爾乃有權渴望子嗣之人耶？」膝下無子的尼采這麼問，「爾乃勝利者、自我征服者、主宰爾之激情者、駕馭爾之美德者乎？」非也——差得遠呢。沮喪、自私、缺乏安全感——父母親本該對此種種隨時加以檢點，但在我有限的經驗裡，這些恰恰是在養育孩子的過程中孕生出來的心理現象。我的朋友克蘭西・馬汀（Clancy Martin），是我所認識少數為人父的哲學家之一，也是最出色的尼采譯者之一——他說，為人父母就像在敲打岩石，只是比這還要磨人。歷史上，男人選擇不幹這苦差事，他們給自己找了個下台階，假裝「賺錢」就是和養小孩一樣難啦。當然，這是一個大笑話，是一個圖一時之便的文化神話，最後把女人給留在家裡。隨著父權在未來世紀衰頹，會有更多人開始感受到為人父母的痛苦真相——這件事經常是比難還要難。

蓓卡依偎在我懷裡，拉著我的手肘：「爸拔，我要尿尿。」

「對，親愛的，我知道，我也是。我們再一分鐘就到了，妳能忍住嗎？」

「養育小孩是一件不具確定性的事，」先蘇哲學家德謨克利圖斯（Democritus）[6]告訴我們：「只有經歷過戰鬥與憂心忡忡的人生，才能獲致成功。」這不是養小孩很辛苦那種陳腐的老生常談。這是更加令人不快地宣稱，人們唯有死亡，才能從極度痛苦的親子緊張關係中解脫。以現在這個狀況來說，極端厭惡而且想要跑掉，或許只是意味著你正全神貫注。在柏拉圖的《理想國》（*Republic*）一書中，蘇格拉底大發議論認為，心不甘情不願的統治者，才是唯一應當領導城邦的人。治理完善幾乎是不可能，而那些認為輕鬆簡單的人，最後卻遠遠無法達到任務的要求。那些想要權力的人，往往是基於錯誤的理由。當我緊咬著自我內在最深沉之處，這個想法給了我不小的安慰，也讓我內心不被認可的思想自由馳騁。或許為人父母同樣如此：唯有在面對為人父母不討喜的責任時害怕、發抖，這樣的人才適合扛起這樣的責任。

到了山腳下，我把蓓卡甩到腰上，抱緊她（抱太緊了），然後如箭一般衝向盥洗室。當我們終於到了廁所——在閃過遊客、排隊等待之後，在摸遍全身、找到瑞士法郎來打開廁所門之後——我們倆全身溼透。就在我笨拙地想要補進度當個大人時，我退化成了嬰兒狀態。蓓卡只是抬頭看著我發黑的臉，微笑著。「對不起，爸拔，」她小聲說著。

當傍晚時分一場驟雨降臨山谷，我們沿著湖畔開車回鎮上。當天氣放晴，蓓卡開心地聊著我們在山頂做的雪人，而我想起馮．薩利斯敘述她與尼采在一八八七年秋天分道揚鑣。這兩人在那年夏季期間，幾乎每天下午都一起度過，而且彼此關切極深。他們的告別就發生在此，在席爾瓦普拉納湖的岸邊，在柯爾瓦奇的山坡上，離永劫回歸的錐狀岩不遠。這女子見證了尼采在前一年一步步淪於消沉，他承認這種心理抑鬱症「比我經常深受其害的那些極端且激烈的危機更糟糕」。我們經過那塊岩石旁，我想起他們是如何分道揚鑣：「空氣中有一種清脆的秋季音調，尼采喜歡稱之為『彼岸之音』，」馮．薩利斯寫道。那是一個微風習習的下午，當雲朵映照湖中，整個湖面閃爍著微光。跨越「湖泊與錫爾斯面湖一側之間荒涼綿延的田野」，這個男人小小嘆了一口氣，帶著哀傷與解脫。「我又一次喪妻、失怙，」他如此說道。

6 西元前四六〇～西元前三七〇或三五六，古代唯物思想重要代表。他是「原子論」的創始者，並建立了認識論。

第七章

論系譜學

在怒吼聲、口哨聲和尖叫聲中，棺木迸裂，射出千倍的笑聲……
它衝著我大笑、嘲弄、怒吼。於是我被嚇壞了；
它將我拋在地上。而我在駭怖中哭喊得有如從未哭喊過。
我的哭喊聲驚醒了我自己——而我也回復了理性。

——尼采，《查拉圖斯特拉如是說》，一八八三年

在旅館附近三天的家族旅遊之後，我想辦法擠出了一個早上給自己。那是個破曉時分，我早就在步道上走了好幾個小時。太陽升起，我摘下頭燈，塞進後面口袋。早餐和午餐我會自己解決，那是我出門前告訴卡蘿的。

像這樣的旅程最可怕之處就在一開始，但這比在柯爾瓦奇纜車上疲累又難過要好。運動是一種掌握哀傷的方法，平息不了就加以掌控。我這麼做已經有好幾年了。但我還是不知道會發生什麼事，或是到底何時才會結束這次健行回來。我沒有把這一點告訴卡蘿，但我的背包塞得滿滿，所以她一定已經明白了。或許我會在晚餐前回來，或許不會。這次，我會做出決定。就許多層面而言，我知道我有多幸運：多數的同伴絕對不會想要近距離目睹心愛的人冒險。「近距離目睹」和「退一步觀看」，非常不一樣。前者意味著使冒險及成長——運氣好的話——得以可能的謹慎警戒；後者是不再真心在乎的人捨棄了好奇心。我極其幸運。卡蘿依然如尼采經常對讀者做的自我描述那般：是激流旁的護欄，但絕非拐杖。

我在菲克斯山谷上方的登山步道，這是往南朝義大利而去的冰河峽谷，步道沿著一條斜坡上達穆歐特塞爾法，一處七千英尺高地，將健行者送往冰河終點。我這條步道下切至菲克斯谷底，在穿過山谷的道路終點有許多房子群集。我可以從那兒沿著幾條稜線回到群山之中。這是通往我年少時短暫居處的路線：一塊斜斜嵌進穆歐特塞爾法上方岩石地形的巨大花崗岩板。十幾歲時的我，曾在岩石底下度過兩個晚上，我想看看這處墓穴還在不在那兒。

「對於在你出生之前所發生之事一無所知，便是讓自己繼續留在童稚。」

西塞羅（Cicero）[1]寫於兩千年前的這些文字是一條捷徑，可藉以理解尼采在一八八七年出版的《道德系譜學》所採取的進路。尼采從未失去他最基本的語言學感受力，知道現在要成長茁壯，就必須先理解並處理遙遠的過去。西方哲學史上，倫理學家通常會尋求具體的典範，以奠定良好生活的基礎。尼采的道德進路屏棄這種訂定道德標準的作法；相反的，他探索我們關於德行的觀念背後的推論依據。他的《道德系譜學》一書，宗旨不在於定出何謂好、壞，反倒是要解釋我們最初為何做出這種如今近乎下意識的道德區隔。就此而論，這是一種知性考古學。

一個人，或是一個民族，會把什麼一直藏於地下？引領現代性的典範與價值底下是什

1 西元前一〇六～西元前四三，羅馬共和國晚期的哲學家、政治家、律師、作家、雄辯家。

麼？面具之後有什麼？在他學術生涯的向晚時分，尼采想要找出答案。這一年，對這個四十幾歲的男人來說，並非快樂的一年。基於諸多理由，他大概會這麼解釋：直視過往是一件艱難又令人不快的事。「這是必然的，」他在《道德系譜學》中寫道，「我們對自己而言始終都是陌生人。我們並不了解自己；在自己這方面，我們必定出錯；這則座右銘對我們每一個人永遠成立：『自己是每一個人最遙遠的距離』——談到自己，我們並非『有識之士』。」完全自知在方法學上是不可能的——狗兒狂追自己左搖右擺的尾巴——但尼采的《道德系譜學》懇求讀者，回顧要久到足以了解自己可能會變成什麼。

人們回顧時瞥見令人不安的物事，沒什麼不尋常。尼采主張，儘管有種種令人開心的表象，西方世界的歷史仍是一則默默受苦的故事；在現代生活井然有序之下，是苦痛遭受無休止壓抑的編年史。這則故事是這樣發展的：歐洲文明誕生地有兩種人，主人與奴隸，因而有兩種不同的道德興起。

主人道德，依尼采之見，是由上古後期的領主、也就是羅馬人與希臘人所發展出來，其核心特性就是直率。對主人而言的「好」（good），就是向前推展、伸張自我、產生進步的力量。而「壞」（bad）則相反：虛弱、遲緩、怯懦與不直接。尼采提出了主人的或「貴族的價值等式」：好就是高貴；高貴必然意味著有力；力量是美的（儘管也會是可怕的）；而任何美的事物都是既快樂又為神所愛。這道等式提供主人一種快速且精確的自我評價方式。這就是尼采寫下主人「對自己看得透徹」這句話的意思。我的學生偶爾會要求舉一個主人的例子，因為，我是這麼猜啦，很難想出當代社會有這種人。我提了「第一門的奧古斯都」（Augustus of Prima Porta）。這尊十九世紀中葉在羅馬城外發現的大理石雕像，是後來成為羅馬帝國開國皇帝奧古斯都的屋大維（Gaius Octavius）雕像。奧古斯都像立起來只比七英尺矮一點，如果他是血肉之軀而非大理石，就會重達肌肉賁張的兩百五十英磅。加上胸鎧與護甲，你看到的是一個有大多數哲學家兩倍大的體態。超乎尋常，但還沒到讓人們無法企盼有為者亦若是的地步。他右臂伸出，平靜凝視，自豪地將手探向唯他一人所有的未來。他赤著腳——是他近乎神祇之儀，而非貧窮之徵。按照古羅馬的肖像學，唯有凡人必須穿鞋。

「妳認為他是什麼？」記得我是這麼問一位禮貌還算周到的學生。

她扭扭捏捏了一分鐘，然後以一種幾乎快聽不到的聲音說：「我認為他看起來像個蠢蛋。」全班哄然贊同。

奧古斯都在當代西方社會被當成是蠢蛋，照尼采的說法，這並不令人驚訝。令人驚訝的，是關於這件事如何發生的故事。

奧古斯都死後到四世紀君士坦丁統治這三百年間，羅馬人從崇拜主人式的現人神（mangod），演變為崇敬一個憔悴瘦弱、被草草吊在十字架上的猶太人。尼采的《道德系譜學》打算要給這種轉變一個解釋。當然，早就有許多關於羅馬帝國如何變成神聖羅馬帝國的歷史著作，但尼采對純粹歷史解釋沒興趣。他想要探討的，是這種他後來稱之為「奴隸道德」興起的道德與心理轉換。

奴隸道德一點都不直率。奴隸一直都斜眼瞄著主人，埋伏等待機會。在古代世界，依尼采之見，猶太人是出類拔萃的奴隸。《舊約》把這一點說得非常清楚：猶太人是受壓迫者，其他人都是他們的主人。早年猶太人的生活，簡單講就是糟到極點。亞述人把鐵鉤戳進猶太人的下顎、刀子插進他們的眼睛，然後再把他們刺穿在木樁上。羅馬人把他們扔給獅子、把他們活活燒死、把他們釘在十字架上。就在這種酷刑折磨當中，奴隸道德誕生了。一開始是關於苦痛的一項基本洞察——並非所有苦難都是平等的。有真正忍無可忍的那種——也就是說，沒有理由或藉口的那一類。然後，有那種可以承受、甚至是快樂承受的苦痛：這就是有理由的苦難。人們所需要的，只是一個很好聽的、關於人們此刻為什麼遭受折磨的故事。

奴隸道德，照尼采的說法，始於猶太人的**憤懣**、猶太人所懷藏對於壓迫者的恨。主人對憤懣免疫，但奴隸把他們自卑的苦痛轉變為對有力者極端的鄙視。既是治療師也是病人的尼采知道，關於憤懣的根源，有其可以深入理解之處（畢竟，此人日後坦承，他只攻擊那些已獲成功的運動和觀念）。但他堅持，這需要加以某種的節制：「羔羊不喜歡猛禽，這似乎沒什麼奇怪；只是……這並未提供理由以譴責這些猛禽抓走小羊。」然而，這就是羊群在做的事：牠們譴責老鷹的肉食作風。尼采想像羊群召開全鎮大會抗議自己遭到捕獵，制訂出新的倫理秩序：「這些猛禽是邪惡；而最不像猛禽、卻與其相反者，也就是羔羊——豈不正是善良嗎？」這是自然價值開始被反轉的一刻、奧古斯都第一次變成「蠢蛋」的一刻。

當奴隸道德向統治者究責、給他冠上罪名——因為他強而有力——使他因為沒有低聲下氣或假裝虛弱而受責難，統治者被視為「蠢蛋」。主人隨時可以自由地放棄他的權力、讓自己成為羔羊、屈服於獸群的溫馴。他不願這麼做，就是他道德墮落的徵兆——一種近乎傲慢的自大——這是奴隸社會永遠無法寬恕的。當然，奧古斯都一點也不在乎他的奴隸對他是怎麼想的，但對奴隸本身而言，這種想法、這種做出新道德評斷的能力，讓他們能存活下去。

奴隸道德的勝利，本質上就是鬼鬼祟祟、暗中進行，在壓力下興盛。壓力與至痛，乃憤懣之動力源頭，只會讓奴隸道德更強大、更耐久。這並不是說，猶太人及日後基督徒（將奴隸道德發揮到極致）的生活，因為奴隸道德的發現而在客觀上變得比較輕鬆。沒有。事實上，尼采聲稱，他們的生活變得更加刻意的辛苦、折磨的威脅籠罩，因為憤懣掌控了奴隸。如果艱難和受苦與道德公正有關，那麼，極端痛苦就是真正聖徒特質的確徵。除此之外，尼采問道，還有什麼能解釋釘上十字架的神聖自我犧牲？

整個一八八〇年代，尼采都在實驗他所謂的「苦修理想」，並加以理論化。十字架刑就是受到這種理想的鼓舞，但這位錫爾斯瑪利亞的隱修士（希臘文叫作asketes）感興趣的，是所有自我約制、最終自我毀滅的行為。**苦修**（ascetic）是從「僧侶」（monk）一詞而來，但更直接的是源自asketikos，意思是「嚴格自我規訓」。在人類這個物種的發展歷程中，這種規訓（discipline）有其漫長且富於傳說色彩的歷史。此人每天寫作五小時、健行三小時，然後再寫作五小時——這個男人著迷於苦修理想而難以自抑。任何費力的運動或困難的旅程都有苦修的影子。繪畫、寫作、運動、研究、為人父母：這些都牽涉到大量的自我控制。但在一八八七年，當尼采完成《道德系譜學》，他開始看出苦修主義的關要之處：苦修主義先是被我們這個奴隸道德的年代挪用，然後發展到了失控的地步。當人們的生命完全被強而有力的主人所掌控，自我否定的規訓讓奴隸有了一件可以自己決定要做的事。事實上，這成了奴隸為自己完成的唯一事項。奴隸很少有可以自行做主的選項：他要麼對任何事都沒有自己的意志、完全受其主人所掌控，要麼讓自己的意志在自我否定的進行過程中動起來。不採取行動而終將導致自身死亡，與執意但自制地採取行動後加速此一可能結局，奴隸有二選一的機會。尼采認為這個決定太顯而易見了：人類將寧可自我毀滅，也不要親身體現毫無意志的被動性。

▲

當人們在群山之中孤獨地消磨時間，空氣稀薄而純淨，地面寒冷而銳利，會有一種想讓自己同等完美的傾向：稀薄、純淨、寒冷、銳利。而此種對完美之追求——拿自己和群山之壯偉相匹配——會使人難以重返低地，以及與他人共同生活。這也會成為苦修理想的養分。

上一次造訪瑞士，我所得到的不只是耳朵上的一道疤痕，我也帶著某種我很少提及、介於不幸與習性之間的東西回來。很類似把石頭扔進柯爾瓦奇某道裂口的那則故事，所以通常我是能不提就不提。但事實是，青春年少的我，在尼采之家後面徒步旅行之後，開始愛上了絕食，甚至更甚於登山。其實，我發現這兩件事真的沒那麼不同。兩者都是對不可能之極端物事的追求。但要絕食的話，你連離家都不用。

當我終於從第一趟錫爾斯瑪利亞之行回來，母親和我在費城機場會合，一看到我就哭了。我還是個小男孩時，一直都是胖得很健康，青春期變得精瘦結實，但此刻的我比骨瘦如柴還糟。「我體重是掉了一點，」我招認：九星期掉了十公斤。沒錯，這是有可能的。時至今日，每當她抱著我，我都還可以感覺到她細瘦的臂膀在秤量著——以確定當她不在我身邊時，我沒有更加消瘦。過去這五十年來，常民心理學（folk psychology）已經做出結論，對於嚴重食慾減退的最佳解釋，是一種針對個人控制欠缺所產生的反應。這無關乎腰圍或體脂肪、性感或時尚，追根究柢，是關乎沉著自持的能力。這本不該發生在人們身上，或是由人們承受，但偏偏就是，而且比人們所以為的還要常見。激烈的絕食，超越任何對體態優美之浮誇追求的那種，而是意志的一種測試、一種試煉、一種演練。而一旦以此種方式演練過，要讓意志安靜下來，就沒那麼容易了。絕食的死法很痛苦。我相信，如同那些最貨真價實的強迫症，一旦體驗過了絕食的吸引力，就一直都感受得到。我第一次感受到，是在錫爾斯瑪利亞上方的山裡。

絕食，就像健行，可以當作要麼太渾沌、要麼太壓迫的生活中一個緩衝，用以嘗試擺脫這些削弱人們自主權的極端狀態。「吃，或是不吃？」是當代生活中少數大體上仍由自己決定的問題之一。你想要一個甜甜圈或是六個——一塊年糕、一朵花椰菜、一坨稀釋的麥片糊嗎？或是什麼都不要？你，而且只有你，能夠決定以什麼來維持你的生命。我們有時會聽到絕食抗議被「中斷」，但依我的經驗，這話不是很正確。絕食不是那種可以被外力直接左右的事情——那是憑藉堅定意志來執行，也必須憑藉堅定意志來中止。這一切都使得心理功能障礙聽起來帶有某種說不出來的英雄氣息，而我有很長一段時間都認為這與事實相去不遠。

為什麼節食？現代社會有聰明的方法發動我們的意志，並針對此一發動有何實際意義，建構具有說服力的敘事。但在十九世紀，當尼采成年時，這些宏大的敘事開始越來越空洞。或許，獻身於家庭、教會或國家——或任何傳統體制——只是在浪費時間。或是講得更明白一點，是自由意志和體驗的浪費。現代生活的例行公事，感覺起來是如此的照本宣科且千篇一律，以致尼采及其他歐洲思想家開始全面質疑自由意志的真實性，而其具體作為便是追求極端、有時輕率的體驗，以打破這種單調乏味。絕食就是其中一種。這些具體作為大多披上醫療必要性的修辭外衣（只不過是維持身心健全的激進手段），但少數幾位作家，包括年輕的尼采，看穿了良好健康的粉飾，直達更加重要的核心：自為主宰。

我知道這一切聽來瘋狂，但尼采派不這麼覺得。像絕食這種自我頹廢的作法興起，是在豐饒、剩餘的年代——「在那時期，」尼采寫道，「衝動學著退縮且自我貶低，但也學著自我**淨化**、變得**更銳利**。」他這一生大半時間都在與飲食問題纏鬥。纏鬥：就像海神普羅透斯和斯巴達王梅涅勞斯，在戰鬥中難分難解。「只要我能再次成為吾胃之主宰就好了！」他在中年時如此哀嘆。而為了重申主宰，他竭盡所能——先是嘗試吃素，接著吃葷，然後是什麼都不吃。尼采說他對食物與思想之間的關係感興趣，而且他相信思想與飲食緊緊糾結在一起。我確定有一部分是這樣沒錯。但只是一部分。

在絕食漫長且富於傳說色彩的歷史中，以自我剝奪為形式的自我控制，為精神超越鋪好了道路。至少在理論上，絕食是將意志導向某種更崇高或更深沉物事的手段。在一九二三年一場以尼采的《查拉圖斯特拉》為題的研討會上，榮格做了闡釋：「以物理性物質填滿自己，會使他沉重……他將不能飛，他會被銬在大地上。」在我第一次與尼采共度的那個夏季某一刻，我對榮格的話有了一瞬即逝的領悟。我不再飢餓：渴求、不滿足、疲憊——連同我的身體——不知不覺地慢慢消逝。我不再想睡覺、進食、甚或閱讀。我只想走路。我擺脫了不健康，但我對此無感，完全無感。這種形態的自我剝奪是我第一次的成癮——經過這些年之後，我依然歡喜地記得。說真的，打從那次山中之夏以來，我再也不曾對飲食或飢餓有過相同的體驗。

當然，所有的著迷都有其缺點。長期絕食把你的生命消耗掉這麼多，以致你對其他的一切沒有什麼可以付出而感到痛苦。它是最霸道的旅伴，步行中的每一刻都必須獻上以滿足它。當我與尼采一起健行之後回到學院，立刻加入輕量級划船隊——我認為那是受到一場哲學性的類宗教實驗所啟發、社會所能接受的一種面具，用以掩飾病情凶猛的飲食失調症。划船是徹頭徹尾的尼采式：藉由反覆、靈活、速度，尤其是力量，來表現自我。我喜歡划船的完美主義，但最後當我在划船器上弄斷一根肋骨，而且明白自己真的不喜歡和別人一起划，就退隊了。我的隊友們不太把他們的輕量級當一回事。我希望有同伴，但他們在這麼多層次上令我卻步。我在社交和戀愛方面也採取類似的態度。這段期間認識我的一些熟人後來告訴我，我當時令人完全無法忍受。這些還是現在跟我還有話講的人。

蓓卡出生的六個月前，我開始服用抗憂鬱藥Celexa。這些藥丸沒有把我「治好」，倒是有讓生活不那麼難過，生活所帶來的痛苦也就不那麼持久、深刻。我只服用小劑量——三十毫克——而且發現我依然能笑、有性生活、會傷心。這有點像在早上喝咖啡——我真的覺得比較像我自己。我也不再那麼在意我的苦修戒律。我只服用一點藥丸，直到蓓卡長成一個健全的成年人。然後我會停止服藥。差不多在那時期，我在《紐約客》雜誌（*The New Yorker*）上讀到列瑟（Jonathan Lethem）[2]一篇文章，他關於停用Celexa的虛構情節，讓我

2 一九六四～，美國當代最具創造力、最受矚目的作家之一。他的作品雜糅了科幻、推理的元素，又能推陳出新，突破類型小說的限制，將純文學與通俗文學完美地融合在一起。主要作品有《槍，偶爾有音樂》、《布魯克林孤兒》、《孤獨堡壘》、《久病之城》等。

相當清楚地了解放棄粉紅小藥丸所產生的危險：頭暈、反胃、揮之不去的自殺念頭、清醒夢（lucid dreaming）。然而，在我們阿爾卑斯之旅前的這些日子裡，我或者就裝作忘了，直接認定自己沒事，或者更有可能是故意給自己搞破壞。我們一回到家，我就繼續吃藥。畢竟，這個劑量這麼客氣，而且我現在也健康許多了。我第一次和尼采一起健行時，什麼藥丸都沒在吃。

當我還是個十九歲的學生，我的教授、也是一切尼采相關事物的引領人康威（Dan Conway），說明了苦修理想無所不在的力量。它曾是西方文明主要推動力量之一，對它的抵抗大致上是徒勞無功。當時，我心存懷疑，也或許是懷抱希望：當然有人可以用自我否定之外的方式來實現自我意志。康威只是搖搖頭，就送我出發去巴塞爾了。

他是對的：苦修主義是人類價值領域的一股頑強力量，而且很快就把對生命較為肯定、可能形成挑戰的範型徵為己用。它是如此堅忍、如此有耐力，幾乎可以撐得比任何競爭者都久。苦修理想有的是時間，而且人性站在它這邊：如叔本華所指出，我們終究是受苦的生物，而當此一洞見終於回頭反撲，苦修理想就在我們悲慘命運的門口那兒歡迎我們。「人類，動物之中最勇敢的、最慣於受苦的，」尼采在《道德系譜學》中寫道，「並未拒絕如這般的苦難；他渴望，他甚至四處尋找，只要向他昭示其意義、受苦之目的……而苦修理想提供了人類以意義！」

肚子空空在步道上待了四小時之後，我兩腿發燙、頭發暈。我的頭比預期的還要暈。我就是得趕到那塊岩石那兒，然後就可以休息了。頂多再幾個小時就到得了，然後我當然就能體驗到幸福重返年少時代的高峰或深淵。真要說起來，哲學家們的思考一向都是當機「立」斷。亞里斯多德於西元前三二二年死後，他的許多學生組成逍遙學派（Peripatetic school），一群四處遊走演講的人所組成、以希臘文peripatetikos（意即「步行」）命名的團體。印度和尼泊爾的古代聖人在雨季時會待在家裡，但雨季一結束，他們也會開始移動、思考和教學。佛陀、耶穌、奧古斯丁、盧梭、華茲華斯（William Wordsworth）[3]、柯立芝（Samuel Taylor Coleridge）[4]、愛默生、梭羅、詹姆士、蘭波（Arthur Rimbaud）[5]——他們，以及更多的人，全都是步行者。最偉大的漫遊思想家之一梭羅寫道：「依我淺見，我的雙腿開始移動之

3 一七七〇～一八五〇，英國浪漫主義詩人，與雪萊、拜倫齊名，也是湖畔詩人的代表。

4 一七七二～一八三四，英國詩人、文評家，英國浪漫主義文學的奠基人之一。

5 一八五四～一八九一，十九世紀法國著名詩人。無法歸類的天才詩人，創作時期僅在十四～十九歲。受法國象徵主義詩歌影響，超現實主義詩歌鼻祖。

際，就是我的思想開始活動之時。」二十世紀分析哲學家維根斯坦（Ludwig Wittgenstein）[6]經常在夜幕初垂時，拜訪與他共同進行研究的好友羅素（Bertrand Russell）[7]，而且維根斯坦會在羅素家的公寓地板上來回走上幾個小時，邊走邊想。當夜色漸深，他會告訴羅素，他打算一離開，大概是他的腳一停下來，就去自殺。所以，羅素會敦促他繼續走動——繼續活下去。

還有《朝聖者之路》（*The Way of a Pilgrim*），最著名的俄羅斯步行故事，初版於一八八四年，尼采完成《查拉圖斯特拉》第二卷那一年。此書講述一名托缽僧朝聖的故事，他並非利用步行來達致任何特定的哲學洞見，而是要見到上帝。該書是一本教人不間斷祈禱法的使用手冊。對這個流浪者來說，上帝沒死。這位不知名的步行者一天背誦耶穌禱文兩千次，接著是六千次，越來越多次。「主耶穌基督，上帝之子，垂憐我等罪人。」但預期中的情節突破，也就是故事情節開始變得非常怪異的時刻，是當他把這篇簡短禱文與步行及呼吸鏈結在一起。平均一個人一天走一萬步，但要是你花整天的時間來走，就會比較接近四萬到五萬步。在這反覆過程中的某一刻，朝聖者變成了祈禱者，或是祈禱者變成了朝聖者。他所崇拜者——遙遠彼岸的某物——不知怎的半途到家裡來了。我是在大學時讀到這篇故事，在我第一趟錫爾斯瑪利亞之行前，並且馬上就上癮了。我無視於前言中警告此等極端苦修作法可能會導致教會神父們所說的**靈性幻覺**（prelest），字面來說就是「誤入歧途」，一種類似作夢的狀態，幻覺被解讀成救贖。

走路可能是最持久、最清爽的人類活動之一，但與苦修理想掛鉤的奴隸道德，最終連這項運動都能使之轉向毀滅性的結局。《朝聖者之路》或許是一個人進行偉大的徒步之旅後發現上帝的故事，但也同樣可能是一則光鮮亮麗的寓言，一名苦修基督徒的腳無緣無故受了數不清的傷。朝聖者，猶太教／基督教奴隸道德的英雄，在刻意造就的悲慘條件下旅行了數百、有時數千英里。越艱難越好。這場試煉意在淨化一個人，儘管真實狀況很可能是沾滿泥土的水疱、感染的傷口、壞疽的腳趾，以及永遠去不掉的疤。十一世紀，一萬二千名這樣的受難者，設法從德國走到耶路撒冷的應許之地。天曉得有多少人真的到達他們的目的地？我只能想像，他們最後的日子過得很糟，就為了一個追求更崇高形式之折磨的理想。我知道，

6 一八八九～一九五一，二十世紀最有影響力的哲學家之一，其研究領域主要在語言哲學、心靈哲學和數學哲學等方面。

7 一八七二～一九七〇，英國哲學家、數學家和邏輯學家，致力於哲學的大眾化、普及化。一九五〇年，獲頒諾貝爾文學獎。

由朝聖者決定如何受苦，算是某種微小的安慰，但似乎這種安慰往往微小到令人痛苦。

下午了，我慢慢地，太慢了，接近穆歐特塞爾法。這景色，我可以打包票，真的是壯麗耀眼。我只是沒去注意而已。為什麼我重返群山，就得感覺像快死掉一樣呢？我所注意的只有兩件事：我腹中如一陣不尋常震顫般向胸腔和鼠蹊輻射的齧咬感，以及左踝的喀喀聲，那是我高中時期更加愚蠢的時刻所遺留的，當時我從時速二十英里的福斯廂型車頂摔了下來。菲克斯山谷上方的冰河已經在望，我努力把注意力集中在我的目的地，以及蜷縮在我初次來此山谷時讓我得到相當保護的花崗岩棚下，感覺會有多棒，但我的左踝不容我這麼做。這是種不間斷的提醒：這趟旅程的痛苦有可能毫無意義可言。

每一位朝聖者都在追尋聖所。對基督教朝聖者而言，聖所是聖人的陵墓——義大利的聖彼得大教堂和聖保羅大教堂，或是耶穌在耶路撒冷空無一物的地穴——是神聖人物最終安息的處所。這些步行者無疑是有可愛之處，也有病態之處。在離開他們的原生家庭之前，朝聖者會寫下遺囑，以確保某些小東西會在他們離世之後保存下來。他們會脫下鞋子，這並不是因為他們有奧古斯都不朽的雙腳，而是因為他們有著顯然是凡人的腳——也就是說，因為他們想感受身為人類的痛苦。然後他們就出發了。不用懷疑，他們在家裡的生活並不快樂（十一世紀的生活，一般來說都難以忍受），所以他們決定由他們來掌控自己的苦難，以一種特殊的方式來擁有苦難。

尼采認為這種自願受苦帶有某種英雄色彩，但他懷疑，這整個故事在基督教士口中變得機能失常。教士沒有提出簡單坦誠的解釋——就某方面而言，一趟非常漫長的步行，就是某種形式的自承受苦——而是給他的朝聖者編了一則墮落與復正的故事。的確，許多朝聖者其實是罪犯，遭宗教裁判所定罪判刑，比方說，因為種種違法行為，從殺害某人之父到偷一條麵包，而要去長途旅行（自我執行流放）。但教士為朝聖活動所做的辯解又更進一步：每一個步行者都是罪人、亡命之徒，只能藉由痛苦加以淨化，才能獲得寬恕。當然，許多朝聖者尋找聖所是為了治病，或為心愛之人找到療方，但故事基本上是一樣。人類生了病或犯了罪，或兩者皆有，因而必須承受水疱與腳踝骨折之苦，以求救贖。這一直是苦修理想不加遮掩的主心骨。

幾天前，卡蘿提議和我一起走這段路程，但我一直樂於孤身上路，至少在這趟徒步旅行的初期是如此。此刻，我再也樂不起來了。我看見山谷東南邊鬆落的花崗岩一角，一堆幾何形狀的巨石看起來好似古廟遺跡。但再走二十分鐘之後，這種印象為之改觀。如果這曾經是一座古廟，那就是全世界最大的一座。這堆岩石散布了半英里。要不是有只此一處的地標，一座我猜想是在我不在的期間才開始變深的小瀑布，要想在這座高地上找出單單一塊岩石，那是不可能的。就在那兒，流過一處佳地，將旅人引向瀑布所形成的溪流畔一塊隱藏的斜角石板。即便年輕時的我，也不會弄錯基督教的春天與重生意象，而此時也不會看不出此一反諷：這是尼采開始批評苦修理想之地。

這塊岩石是是顆十英尺長、兩英尺厚的菱形石，粗略呈現緬因州的形狀。它是怎麼被插在大地上、變成懸臂單坡屋頂，將一直是個謎，但我總覺得它是從很高的地方滑落下來。我這一路花了七個小時，現在到了這兒。我原本應該心懷多上很多很多的感謝。最好的朝聖故事是以洗滌身心的如雨淚水作為結局：旅人終於來到聖所，僧侶在門口與他相會，洗淨他潰爛化膿的雙腳。在這個神祕時刻，有一種超越的交融，卑微的尋覓者與神聖的目標合而為一。但有多少朝聖者來到聖所後崩潰，有多少人發現聖所其實是一座墳墓，哭著流下絕望的淚水？我們通常沒聽過這些朝聖者的故事，但或許我們應該要聽。

我在我那塊岩石底下爬著，把背包從身後拉進來，在正午時分躺了下來。又黑又冷，而且有點說不出的不快，但沒有超越或提升。我只想回去。不是回森林之屋，而是回到久遠之前：回到有這些想法之前。忿忿不平、始終沒有找到他所追尋目標的朝聖者，他的故事在哪？或是那些朝聖之旅，以滑稽可笑的模樣，一味重複生命中種種可憎的徒勞無益？我確信，這些徒勞無益的情形出現的頻率，比人們願意承認的還要高。我把頭擱在背包上，讓骨盆腔的骨突卡進堅硬的地面。

等我振作起來，已屆魔幻時刻，就在暮光將臨的午後向晚時分，此時即使最卑微的場景，似乎都發自內在地亮了起來。我的臀部在顫抖，但有一陣清涼微風從穆歐特塞爾法上方疾拂而下，撫弄著我暴露在外的臉頰和一邊耳朵。

有一個念頭將我喚醒，此刻我有了一個目標：家。

對這些名留後世的朝聖者而言，慰藉乃求索於遠方某座聖所而覓得。唯有捨棄一切，且遵循通往上帝之艱辛道路，普世和解方能達成。但或許，即使期望落空，朝聖者依然覓得微小救贖。當發現苦痛只是苦痛、墓穴全然空洞、光是洗腳不能擦去人類存在的汙髒，有些灰心喪志的朝聖者依然能夠回返家鄉。或許，這就是救贖。或許，期望落空的朝聖者想要的，不過就是一點點的溫柔，一種直接、單純的感受：這世界並非全然、徹底地無望。

從很多方面來看，朝聖之旅後半段回返社會的旅程，比前半段要艱難許多。疲憊無疑是更加嚴重，此行前期所受的傷少有癒合。亞伯拉罕因為帶著兒子上摩利亞山（Mount Moriah），並自願把他獻祭給上帝而名垂千古。這很艱難，但想像以撒跟在你身邊回家的旅程，這個你打算要殺掉的男孩，這趟旅程該有多麼難上加難？如果有人經歷罪惡、苦痛與失望而重返，或許這個家本身、這當初出發之地，已在這過渡期間有所轉變。或許，就像《聖經》中的約伯，在失去一切之後，可能會以雙倍再次得回一切。有多少期望落空的朝聖者，在面對事實之後、在他們重返日常生活時達致成功？當然，這並非基督教式奉獻的特質，但或許更好，說不定是最好的：真理。或許，朝聖者得勝不在於艱辛，而在於他們在家中學會接納某種柔軟物事的難得時刻。當我坐在我那塊岩石下，一陣來自彼岸、我至今仍不了解的輕笑聲離我而去，而我站起身來。

我走向家人，離開朝聖地而邁向蓓卡喜歡說的「柔柔」。人們哪裡都不用去，就能體驗到柔柔。柔柔通常是用手背來表現，如果你是蓓卡的話，用鼻子也行。這是所有撫摸中最柔軟的。柔柔不能遠距進行，通常是發生在一大清早或夜深時分，幾乎是天天，宜於全家人一起，要在床上。可以自發柔柔，或是要求被柔柔，而這種要求總是獲准。在柔柔的過程中，無法控制的笑聲不只得到允許，更是預料之中。它是艱辛的反面。這才是愛的真實狀態。

第八章

頹廢與厭惡

出於本能地選擇對自己有害的……簡直可以說是頹廢的公式。

——尼采，《偶像的黃昏》，一八八八年

對一個具有尼采這種體質的人來說，精神亢奮是一種可疑徵象——洪水來之前的好天氣。在一八八七年奮戰過健康惡化與苦修理想之後，結論是兩者都有緊抓不放且歷久不衰的掌控力，他似乎突然扭轉局面、重新贏回自我。一八八七年的春天是悲慘的。他前往尼斯旅行，那是大錯特錯。明亮的光線與海邊城鎮的吵雜害得哲學家無法專心，因此在接下來這一年，他決定在杜林度過遠離錫爾斯瑪利亞的數月。終於，他從這座城市本身找到愛的回報。

對於尼采的特殊生理需求，杜林體貼周到。在這裡，從破曉到薄暮，太陽似乎投下了又長又溫暖的日蔭。一清早，步行者可以沿著狹窄的卵石街道橫貫城市，連一個路人都不會遇上。街道一直延伸下去，直到豁然開朗，進入看似以恰到好處的比例吸納陽光與人群的寬闊廣場。沒什麼好趕、好急的，事情來得早，不如來得巧。阿爾卑斯清晰在望，杜林的居民生活和工作都依傍著自然，而非遠離。尼采在一八八八年四月寫道：「我親愛的朋友，杜林是絕妙的發現……我在這兒心情很好，不間斷地工作著。我吃得像個半人半神，（而且）睡得著……辦到這一點的是空氣，令人活力充沛、乾爽、愉快。」他一向習於錫爾斯瑪利亞的無名之地，說不定就是靠著這種無名之地才勉強存活下來，但在杜林這兒，他找到他所謂「我得以可能的首選之地！」。可能性通常被視為某種抽象的東西：一個可以實現的特殊機會。但正如尼采在杜林所發現的，可能性的意涵可以多出這麼多。

五月，尼采的情緒高漲：「一陣迷人、微弱、輕浮、最沉重的思想以之為翼的風，在美好的日子裡吹起。」在杜林，年長的人可以感受到可能性的大肆揮霍。重力不再以相同方式緊抓住他，而他，或許是頭一遭，可以品味他那個時代的音樂。不是華格納——這是尼采過往的音樂。是貝多芬第九，尤其是《卡門》（*Carmen*），哲學家深受吸引。我從不了解其吸引力何在。我快二十歲時，認為歌劇的號召力靠的是作曲家，多過於情節（比才〔**Georges Bizet**〕[1]就像尼采，早在他人氣穩固之前就死了）。但現在，我就快四十了，開始了解尼采對歌詞和總譜的欣賞。

《卡門》是以輕描淡寫的方式處理某種絕對闇黑的事物，不幸之愛的可怕命運。卡門先是誘惑、然後冷落，最後毀了唐·荷西，而後者愛上她之後又以利刃刺死她。這不是耶穌受難劇，呈現不久就會復活的基督之受苦與死亡；這只是關於平凡人彼此殺害的一齣激情、絢爛戲碼。《卡門》與《尼貝龍指環》（*Der Ring Des Nibelungen*）[2]系列或許有某些共同的橋

1 一八三八～一八七五，法國作曲家。著名的作品包括歌劇《卡門》、戲劇配樂《阿萊城的姑娘》等。
2 華格納一八七四年的作品。

段（謀殺與淫蕩），但比才的手法全然不同。《卡門》是肉慾的，與當時一直支配歐洲許多地區的苦修主義相去甚遠。在比才美麗的角色人物中，沒有自我設限、沒有事後批評、沒有超凡入聖的虛矯，只有快活地一頭衝向結局。尼采把歌劇看成是承受特殊病態之劇痛的文化所採用的緩衝，日後他將稱之為「頹廢」（decadence）。

這個詞一直到一八八八年才出現在尼采的作品中，但有一個密切相關的詞在一八八三年、華格納去世那一年首度出現：Entartung，意思是「退化」（degeneration）。儘管頹廢在他後期作品中占有核心地位，但尼采從未仔細加以處理。頹廢處處可見，一直都可見，但就像許多無所不在的力量一樣，定義不明。把尼采想成正面反對頹廢，是很容易，但要弄錯也很容易。一八八八年，隨著健康狀況改善，尼采開始思考傳染現代西方所有居民、尤其是他自己的精神疾病。人正在痛苦的當口，不可能評估疾病的嚴重程度；只有當病情緩和——暫緩執行自己的命運——才能理解嚴重失調的全貌。在杜林，尼采終於明白，「沒有什麼比**頹廢**問題更令我深深著迷。」這不只是一個思想家，突然發現自己的哲學一向關乎某個未曾明言的主題，而有所領悟；這是一個男人，終於揭開他生命底層心性之後的自承。

尼采自己就是個頹廢者，是他那個時代及其**上流布爾喬亞**文化的產物。他備受呵護，兒時有母親、青年期有妹妹，到了晚年有他的女保護人。他從未工作過——至少不是在弄髒雙手的意義上——成年後有好多年是靠著學院年金和多金好友的施捨過活。尼采之家在尼采還住那兒時，我認為，就是一家雜貨店兼旅宿，但已經夠好了。他是一個文字語言之人，一個能夠真正理解英國哲學家霍布斯（Thomas Hobbes）[3]措辭真義的人：「閒適乃哲學之母。」沒錯，是會辛苦，但往往是自找的那種。在寫給保護人麥森布格的信中，他提到和他一起分享頹廢的密友圈子：「在頹廢的問題上，我是地球上最高權威。」

頹廢美食、頹廢門面、頹廢家飾、頹廢音樂——從表面上來看，這些是代表巨額財富的符號。但尼采相信，這些揮霍掩蓋了病態與腐敗。對於頹廢美食的欲望，花上幾個小時一板一眼地分食，這是退化的症狀，一個無法輕鬆享用正常食物者的症狀。一幢建築物只有在支撐結構醜陋時，才需要門面。華而不實的家飾通常拿來遮蓋不合比例的家具（誰會想要蓋住震教風〔Shaker〕[4]的長椅？），而且是為了過度敏感的背所製作。頹廢音樂，過於誇張、甜

3 一五八八～一六七九，英國政治哲學家，一六五一年出版的《利維坦》一書，為之後的西方政治哲學發展奠定根基。

4 貴格會支派，一七七四年由安．李（Ann Lee, 1736~1784）建立於英格蘭，現已消亡。震教徒會在集會上演唱或演奏祈禱音樂，並集體震顫身體，故得其名。

膩過頭，是寫給那些聽力有問題的耳朵。頹廢出於虛弱，就像裹屍布掩蓋住瀕臨自我毀滅的脆弱，而且在這掩蓋之中，由於容許這脆弱默默地潰爛、擴散，而加速了腐敗。這是生命最後的、做過頭的絢爛，是死亡的先驅。

一八八八年，尼采試著接受世紀末這無來由的衰頹，但就更加個人層面而言，他也試著接受生活在世紀末暮光中那些個人的衰頹。他並不是第一個這麼做的。杜斯妥也夫斯基出版於一八六四年的《地下室手記》（*Notes From Underground*），一開頭是敘述者毫無掩飾的自承，一段尼采在處理自己的頹廢時將有所呼應的自承：「我是個有病的人。我是個心懷惡意的人。我是個沒有吸引力的人。我認為我的肝染了病。但關於我的病，或者到底是什麼令我苦惱，我一無所知。」尼采，就像杜斯妥也夫斯基筆下的人物，對於腐敗有直接的認識。沒有人能「自外於」頹廢的生活，沒有高高在上的視角能以之診斷自己的疾病，或目睹自己的死亡。但人們當然可以嘗試，而尼采在他生命最後多產的那幾年，就是一直在做這種嘗試。在杜林的最後一年，他以瀕死之人的狂熱在寫作，一年寫了五本書：《華格納事件》（*The Case of Wagner*）、《偶像的黃昏》、《反基督》、《瞧！這個人》和《尼采反對華格納》（*Nietzsche Contra Wagner*）。在某種意義上，這些書全都帶有自傳色彩，合起來又表現出一個語言學家兼哲學家想要掌握自己的企圖。時間寶貴啊。

尼采的病從何而生？對他來說，與頹廢問題對抗，就是再次面對他視為天字第一號頹廢者的那個人物：他的「父親」，華格納。華格納左右哲學家思想形成時期有好多年，並且一直充當他從未有過的家長。在他生命的終點，尼采想要解釋到底父親傳下了什麼——遺產、傳染病——給兒子。他與華格納決裂十多年後，尼采終於試圖加以解釋。回顧一八八八年當時，他寫道：「其實，那時（一八七六年）才說再見都嫌晚了：這一點，我很快就得到證明。華格納，表面上最占上風、其實已成腐敗而令人絕望的**頹廢者**，倏忽向下沉淪，無益且無條理……」然而，頹廢的感染力早已傳衍給了他的後裔。

在我那塊高踞菲克斯山谷的岩石底下待了一天之後，我回到森林之屋，開心又半帶驚訝地發現，卡蘿和蓓卡還在那兒。她們溫柔的歡迎是一大慰藉，我花了幾天時間慢慢復原，享受頹廢世界的種種便利。

我的父親應該會很喜歡錫爾斯森林之屋的環境，尤其是圖書室，那兒收藏了滿屋子的優美出版品，那些讓我覺得擺在那兒受讚美、但沒必要去讀的書。他喜愛這類型的場所：充滿各種文化裝飾、有別於一般社會的奢華房間。然而，真正的哲學和出版品並非重點所在；對他來說，這些書的外觀就已足夠。有第一版的湯瑪斯．曼、赫塞和榮格，再點綴幾本亮眼的大開本當地景觀圖冊，以及熱愛當地景觀的畫家作品——這些全都隔著玻璃，但並未上鎖。

在我那趟費力的獨自旅行幾天後，我碰碰運氣地摸了一下玻璃門，門就彈開了。在這類圖書室裡，人們可以閱讀，但不要讀得太快，不要為了擷取某一個特定論點而讀。在一個像這樣的房間裡讀書，是微妙且複雜之事：這需要具備為室內裝潢增色及凸顯之能力、被人看到以對的方式讀對的書之能力、享受神遊於閱讀世界之能力。這不像在公開場合自己一個人吃飯，那是尼采的例行公事。自我意識是顯而易覺的。在圖書室的角落，孤伶伶掛在隨處可見、似乎每一面牆都有的橡木飾板上的，是一個平凡無奇的畫框。在畫框中央，黑白、只有頸部以上的，是一幅四十歲的尼采像。不知怎的，這個反偶像崇拜的人已經被轉變成有品味的裝飾，甚至更令人昏倒的是，成了一個偶像。

我將目光從正閱讀的書中抬起，阿多諾的《啟蒙的辯證》（*Dialetic of Enlightenment*），對著牆上的人像，送上我希望是深長、沉思的一眼。這是哲學家一個著名的鏡頭。這幀是複製品：深思中的尼采凝視著遠方。他看起來無可挑剔，鬍子修剪整齊、經過梳理，頭髮有型，眼神銳利。這顯然也是經過精心安排。

大多數的聖像都是呈現聖人、基督或聖母的肖像。祂們正對著觀者並以雙眼凝視。尼采不一樣。這是一幅以側面示人的肖像，此人沒興趣與任何人眼神接觸。他只是一部分在那兒——他半邊的臉永遠被遮住，只有世界的另一邊看得到。我徒勞無功地試了幾分鐘，想要吸引他的注意，最後宣告放棄，並以悠閒的步伐尋路前往森林之屋的大堂：我有一場會面要去赴約。

走廊上排列著品味良好的展示櫃，裡面擺滿了一個多世紀來曾造訪過這一帶的登山客照片。他們結實精悍，在絕壁和狹道上擺姿勢，高高在村落上方，而我想像就在那些村落裡，他們將家人拋在身後。「個體，」尼采寫道，「總是用盡全力不被群體淹沒。如果你試圖這麼做，往往會形單影隻，有時還會受到驚嚇。」這些人看起來並未受到驚嚇。很努力，或許滿懷熱切，但沒有驚嚇。他們很開心就要離開了。尼采解釋：「為了擁有自我這種特權，開價再高都不嫌高。[5]」這些相片小張又顆粒粗，所以每一位登山客看起來都和我父親一模一樣。我有時會忘記他是誰、他長什麼樣子，但接著我又看到他，朦朦朧朧地，無處不在。

許多現代飯店的接待大廳都試圖——但不成功——要將多種功能壓縮在一個全然過小

---

5 這段引言一說出自英國作家吉卜林（Rudyard Kipling, 1865~1936）在一九三五年的受訪內容。

的房間裡。這個房間發揮了座位區、結帳區、會客區、吧檯區、自助咖啡區、帶著小孩路過、買牙膏、拿披薩回房間等功能。森林之屋沒有這樣的大廳。相反的，它的門廳是一個小房間，有一張接待桌，後面立著一整面牆的壁櫃，收存每間房兩把大大的鑰匙。這兒沒得坐下來或買牙膏，也沒有任何人談錢或帳單（是在大門右邊另外一間隔音房內談）。門廳不多不少只有兩項功能：這是迎賓之處與離去之所——人們只在這兒待一下子的門廊。大到足以體認介於過去與未來之間的門檻，而還沒大到足以做其他事。我穿過此處，並在片刻間，再次進入這家飯店之心。

在森林之屋，如果有人想要坐下來喝杯咖啡、茶或什麼的，有一個專為此而設的地方，就在過了入口之後。那是一個廣大的憩坐間。沒有自助吧，客人完全不需要自己動手。這就是大堂。這就是我一直想像一間畫室應有的模樣，但宏偉得多。它三十英尺高的天花板掛著十二座水晶吊燈，這些燈在其他任何地方都會顯得華而不實。地板是木質的，但如此光滑且堅實，感覺起來像是水泥或水磨石鋪上東方地毯。一開始，這超過十二塊的地毯令我感到困惑。每一塊約當美國一個小的家居室（family room）面積。為什麼他們不乾脆買一塊大地毯一次搞定？因為——借用這時候刻意悠閒漫步走過來的森林之屋「掌櫃」奇恩伯格的話來說——要是萬事萬物都得實用，那就可惜了。

當我們握過手，走過整個大堂朝窗戶而去，地毯就更有意思了。這些地毯創造出分隔但可滲透的空間——一間間虛擬的客廳，沙發和椅子配置成可供多組四到五人團體之用。偶爾會有一小塊地毯搭配一張雙人座，塞在大開窗的裝飾掛簾後面的小角落裡，創造出一個場所給那些偏好更親密空間的人。

「這可以嗎？」奇恩伯格指著一組藍色高背椅，解釋那些椅子和旅館同齡。「我對老椅子有偏好，」他在我們找位子坐時自己招認。一位纖瘦、頭髮後梳束緊的侍者出現——「女服務生」似乎太不正式了——拿了我們的飲料單，不見了，然後端著咖啡再度出現。她長得或許算好看，甚至可以說魅力四射，但她的制服——米色長褲、背心、白襯衫、蝴蝶結——讓我不可能這麼告訴她。可以確定的是，她做她該做的，盡可能讓我們的旅程不吃力。到了我們住宿期間的尾聲，她知道卡蘿和我的姓，知道我們點什麼飲料、喜歡什麼咖啡、住哪間房：森林之屋的客人不會受到不必要的問題或帳單打擾。就像擁有一位豪宅管家一樣。對奇恩伯格來說，她**就是**他豪宅裡的管家，而他有客人來。

他一開頭就說，他不能聊太久。不是他不想，而是會對旅館的其他客人不公平。掌櫃的工作就是讓他所有的客人都覺得受到同等的歡迎，而這得靠他在客人之間公平地分配時間。他承認，這是在做表面工夫，但在大堂裡，這件事相當重要。客套話休提，他直接切入我感興趣的話題——那些曾把森林之屋當自己家的哲學家們。或許他看見我手上那本《啟蒙的辯證》，或許他早就想到，奇恩伯格側過身來分享一則旅館祕辛：「阿多諾在這兒待了四百二十天。」

我倒也不是完全出乎意料外。對阿多諾來說，森林之屋所喚起的愛憎交織，應該是同等濃烈。無論如何，他應該是徹頭徹尾地著了迷。身為法蘭克福學派（Frankfurt School）[6]開創者之一的阿多諾，長期引領二十世紀歐洲的社會批判風潮，而且他自命是尼采在歐洲的哲學繼承者。一九〇三年生於法蘭克福富有的猶太酒商與歌劇演唱者之家，年幼的阿多諾對現代式頹廢並不陌生，而隨著年紀漸長，兩位思想家之間的關係只有更加深化，並且變得更加複雜。

和尼采一樣，阿多諾是博學之士，專長涵蓋音樂、哲學、社會學和心理學。這些是他日後用以診斷並治療西方文化的工具。一九二九年，完成由《存有之勇氣》（*The Courage to Be*）作者田立克（Paul Tillich）[7]指導的論文後，阿多諾從尼采結束於《偶像的黃昏》之處開始發展理論，試圖回答一系列非常困難的問題：在一個似乎故意自我毀滅的年代，人類存在的可能性為何？是什麼妨礙其力量並限制其伸展？是什麼加速了頹廢？文化或個人，如何才能克服這看似幾乎注定要發生的衰退？阿多諾在森林之屋尋找他的答案。

在法蘭克福學派內部，阿多諾與霍克海默（Max Horkheimer）[8]、班雅明（Walter Benjamin）[9]及馬庫色（Herbert Marcuse）[10]，聯手建立現已廣為人知的「批判理論」（critical theory）。至少在一開始，這是一個新馬克斯主義（neo-Marxist）運動，主張文化本身可能且正被用來作為一種壓迫力量。這聽起來或許像是牽強附會，文化——娛樂活動、消費主義、藝術——似乎不像是那種能夠禁錮一個民族的東西。然而，阿多諾主張，正是這種直覺想法削弱了人們的防禦。通俗文化形塑了整個民族的偏好、劃定人類活動及欲望範圍的界限。我們的消費文化或許給了我們許多選擇，或許給了我們自由選擇的假象，但如果每個

6 以德國法蘭克福大學社會研究所（Institute for Social Research）為中心的一群社會科學學者、哲學家、文化批評家所組成的學術團體。被認為是新馬克思主義、西方馬克思主義的一支。

7 一八八六～一九六五，基督教存在主義神學家、哲學家、新保羅主義者，被視為美國存在主義代表人物。

8 一八九五～一九七三，德國哲學家。一九三〇年任法蘭克福大學社會研究所所長，創辦《社會研究期刊》（*Journal for Social Research*），致力於對現代資本主義社會進行多學科的綜合研究。

9 一八九二～一九四〇，德國籍猶太裔思想家、哲學家暨文學、藝術評論家，被譽為歐洲最後一位知識分子、二十世紀最後的精神貴族、二十世紀最偉大的文學心靈。

10 一八九八～一九七九，德裔美國哲學家、社會學家和政治理論家。主要研究資本主義和科學技術對人的異化。

人得到的都是劃定相同界限的選項，此一自由最後也是少得可憐。依照《啟蒙的辯證》共同作者霍克海默的說法，批判理論打算要將人民從奴役他們的微妙力量中解放出來。這應該要怎麼做，在我念研究所的那幾年，一直令我完全摸不著頭緒。但森林之屋給了我某種想法。

批判理論學派踵武尼采，對**通俗**文化的所有形式發動攻擊。他們反對美與莊嚴物事的商品化，以及差異性與個人品味的水平化。阿多諾與尼采一樣，既厭惡群眾心態，卻又被牢牢吸引。與諸多心理學家不同的是，阿多諾聲稱這種心態並非自然的社會衝動，而是由如同教士般的大師所譜寫的宏大演出（他在納粹德國時代邁入成年期，撰文反對所有形式的法西斯主義）。組成群眾的羊群隨時可以選擇退出這場演出，但文化的戲劇效果結合資本主義的必然性，已經對羊群施加一種幾乎無法抗拒的吸力。儘管如此，阿多諾還是在一九五一年寫下：「如果他們停下來理性思考一秒鐘，整場演出就會化成碎片，而他們將會陷入恐慌。」

我望向奇恩伯格的身後，視線穿過大堂的優雅空間。這不是群眾的場所。我們花了最後十分鐘，參照阿多諾的後期哲學，討論他與這家旅館之間令人困惑的關係。在旁邊的地毯上，一小群穿著得體的德國人正在分析巴哈B小調彌撒曲的細膩音色差異。在這個宏偉的娛樂廳入口處，一對年約六十幾的夫婦，以壓低聲量但仍聽得到的音調討論賀德林（Johann Christian Friedrich Hölderlin）[11]的詩。退出通俗文化的方法之一，就是擁抱不在乎批評的菁英主義。這是文化——排外，但不壓迫。阿多諾受其吸引。他喜歡與知性友伴以極其緩慢的速度一起用餐，優雅不著痕跡地取代了大然美，以及最重要的，寧靜。寧靜：一件群眾無法忍受之事。寂靜、自我之聲，使得思考得以可能——甚至成為必要。當阿多諾建議不動大腦的追隨者「停下來理性思考一秒鐘」，我只能假設，他的意思應該是這件事要靜靜地做。錫爾斯瑪利亞有更安靜的地方，像是尼采避暑的那間十英尺乘十二英尺大的臥室，不過森林之屋依然是處處皆以寂靜待客。

我的時間快到了，奇恩伯格有其他客人得去招呼。當他起身，幾乎像事先安排好的，音樂在大堂的遠端響起。「阿多諾很喜歡這間旅館，」他又說了一次後，轉身要走，「但他討厭**這個**。他瞧不起這首三重奏。」森林之屋三重奏是與旅館本身一樣古老的固定曲目，而且我聽說曲目幾個世代以來都沒換過。小提琴和低音提琴有點大聲，壓抑了細語交談的可能性。我對他說了聲謝謝，或許太大聲了，他走開了。

11 一七七〇～一八四三，德國浪漫派詩人。他將古典希臘詩文移植到德語中，其作品在二十世紀才受到重視，被認為是世界文學領域裡最偉大的詩人之一。

我想，音樂打破了寂靜，但也不是真那麼糟。一首帕赫貝爾的D大調卡農變奏轉為布拉姆斯，而布拉姆斯不知怎的又變成莫札特。這是給入門者聽的室內樂，最受歡迎的四十首古典樂：有點甜膩，但完全不會令人不快。天哪，阿多諾當時一定是一副自命清高的樣子，我這麼想。但接著，音樂開始：音樂劇曲目，很多首。我起身要離開，但太慢了。音樂劇《安妮》（*Annie*）的前奏已經開始了。蓓卡會很愛這首。三重奏以翻新手法演出，想要以額外的小節和即興演奏掩飾，但明擺著一聽就知道：〈明天〉（Tommorow）。尼采和阿多諾應該不會克制他們的反感吧。

我離開時經過一架閃耀生輝的Welte-Mignon鋼琴，擺在一間隔開大堂與用餐室的藍色房間裡。這是一架自動鋼琴（player piano），但可不是隨便一架自動鋼琴。Welte-Mignon公司在一九〇五年生產第一批無鍵盤原音重現自動鋼琴（reproducing piano），這就是其中一架。基本上，這是世界上最早的立體聲音響。旁邊就立著一個擺滿鋼琴紙卷（piano roll）的櫃子，人們必須把這些打孔卷軸塞進機器裡讓它演奏。我看了看櫃子裡。〈黃金年代〉（The Golden Age）：阿多諾一定也非常憎惡那一首，夜復一夜要命地重播。

這種「鋼琴」前瞻科技的到來，敲響了真實音樂的喪鐘。當我經過時，有那麼一下子，我想到了可以說是阿多諾最親密戰友的班雅明，他在一九三六年寫了〈機械複製年代的藝術作品〉（The Work of Art in the Age of Mechanical Reproduction）一文。班雅明當時寫的是電影，但這個論點用於Welte-Mignon的琴音也成立：「即使最完美的藝術作品複製，仍在一項因素上有所不足：它在時間與空間上的呈現（presence）、在它機緣巧合出現的處所獨一無二的存在。」呈現——這就是森林之屋所承諾的：用奇恩伯格的話，「空間的奢華」。呈現，意謂著某物事，說不定是意義重大或僅此唯一的物事，得以完成的特定地點與時間。但即使在這裡也是不可能的。任何物事獨一無二的存在——尼采終其一生一直在尋找的——皆無由得尋，唯有重複、共謀，與挫折。

晚餐時間快到了，我得趕快穿上我的正式服裝。當我回到美景房，我從前門出口往外瞥了一眼。一輛淡黃色的保時捷911開進了入口車道——可能出廠四十年了，扎扎實實的老派，但維持完美無瑕的狀態。911是我父親的第一輛車。在他年滿十六歲之前，溺愛他的祖母買了一輛二手的給「洛基」，她唯一的孫子。車身是重新上漆的淡黃色，厚實、有光澤。洛基開那輛車，和他對待大多數東西一樣，操得很凶。我母親是在他們登山的那段日子遇見他和他的保時捷。誰能率先攻頂？那一直是問題所在。快而且危險的賽車，照說應當是汽車與駕駛肌肉發達的明證，但閃亮亮的漆可以、往往也真的掩蓋了深層的缺陷。

如果你把車開到三檔最高轉速，卻沒有升檔到四檔，反而**降檔**到二檔——駕駛可能會「把閥門搞掉」。發生這種情形時，脆而易碎的引擎閥門桿受壓折斷，粉碎在活塞汽缸內，警告謹慎的駕駛應該靠邊停車，立刻把車送修。父親與謹慎反其道而行，沒有靠邊停車，反而試圖把故障車飆回賓州雷丁市的家。直線距離只有二十英里，那顆引擎在城郊掛掉。因頹廢而加速死亡，父親的生與死都有相仿的派頭。

我十歲時，難得造訪父親在紐約的公寓，他帶著我哥和我上畢佛街五十六號的知名餐館Delmonico's。他喝了三杯馬丁尼，吃了一大盅的蚌，還有一份甜點熱烤阿拉斯加。「這些是從龐貝帶來的，」我們出餐廳時，他指著入口的大理石柱這麼說。我過了很多年都還不知道龐貝是什麼東西，但現在我知道了。我們那頓晚餐的十年後，我聽母親說，有一天他喝醉了，從高處不知是摔下來或跳下來，把他的顎和牙摔碎了，人也死了。那之後又過了十年，我哥和我在紐約和他碰面，就在斯隆—凱特林紀念醫院外頭，他才剛在那兒診斷出後期食道癌。我們去一家小餐館吃晚餐，他不餓，卻把這頓飯弄得驚天動地。他大聲地又喝、又噎、又咳，把一盅蚌的湯汁喝到見底。

在森林之屋的那天晚上，與卡蘿和蓓卡共進晚餐，每一道菜的味道都有點不太對勁。或許是用餐室的白桌布，或是我女兒的模樣——背挺直、肘離桌、裝扮華麗——或是我的餐盤旁數量驚人的銀製餐具，或是廚房飄來的烤肉香，或是明顯的嘔吐衝動，或是自我厭惡的模糊暗示，或是我的湯碗底部半透明的醬汁——不管是什麼，我都甩不開蚌與湯汁的氣味。

第九章

深淵旅館

我們不為自己所知，我們這些有知識——還有良好理性——的人哪。我們從未尋找自我——又怎麼可能會有找到自我這回事呢？

——尼采，《道德系譜學》，一八八七年

在一八八八年底從錫爾斯瑪利亞搬到杜林這期間，尼采反省、自承，或是悲嘆：「我是個頹廢者。」但除此之外，他堅持：「我也是頹廢的反面。關於這一點，我的證明是，別的暫且不提，我一直都出於本能地選擇正確的方法對抗悲慘的狀態；然而，頹廢者通常都是選擇對他自己不利的方法。」稱尼采為頹廢者似乎怪怪的，但照他的理解，頹廢只是衰退的最後階段。而他正是如此。尼采知道自己病了，而他採取了激烈的手段反制生病的影響，先是在錫爾斯瑪利亞，接著在義大利。衰退無可避免，但一個人退場的方式，斷然不是如此。

錫爾斯瑪利亞在尼采的記憶中，將依然是個克服頹廢誘惑的地方。當時，他所停留的這家旅宿是杜利施（Durisch）家族所有。那時還不是「尼采之家」，只是一位老教授年年來此避暑的一幢房子而已。尼采來來去去，大致上並未引起村民注意，也未受到打擾。他在一八八三年夏天帶了幾百本書到他的小臥室來，至少他得到了一點陪伴。許多的夜晚，等屋主去睡了，尼采會一個人在空屋的寂靜黑暗中獨坐。他坦承，臥室的簡樸與寂寥，加上不用墊腳就能輕易摸到的天花板，往往會成了一種難熬的束縛。在「晚上，當我孤伶伶坐在狹仄、低矮的小房間裡，（我覺得）很難熬下去，」他在給少數幾位朋友之一的信裡這麼寫著。然而，這是一種經過算計的「很難熬下去」，有苦修之道，卻沒有花繁錦簇的來生承諾，根本就是要讓他更強大，或許還拖延了崩潰的來襲。

我心裡惦記著這一點，有父親之蚌的回憶和森林之屋的Welte-Mignon鋼琴為伴的那一晚過後，我決定要回尼采之家去。我初次造訪時還很年輕，還能感受到尼采與頹廢之間的掙扎。筋疲力竭是免不了的，但一個人有勇氣的話，可以選擇把火燒旺，甚至比旺還要旺——也就是說，燒到燦爛發亮，說不定其中有些什麼留了下來。

一九九〇年代後期，這幢房子沒什麼炫目之處，沒什麼能讓人分心不去想自己或手上的工作。一九六〇年代才開始對大眾開放，但還是太偏僻了。這房子**既**公開**又**私密，適切象徵著查拉圖斯特拉上下往返存在主義之群山時所體現的分歧。似乎有可能在此處平和地探索獸類，那種真正的戴奧尼索斯類型。當年，尼采之家的屋主養了一頭巨型狼犬，名叫莫林。莫林會看人來表達友善——也就是看人來施加威嚇。「牠喜歡你，」屋主第一次和十九歲的我碰面時這麼說，莫林則嗅了嗅我的胯下。到了晚上，這隻狗完全保持靜默，卻任由我想像著牠還在那兒，還在黑暗中的某處。當我深夜在屋裡短而空蕩的走廊上遊蕩，心裡有一半期望會碰上牠。從來沒有。

那時候，尼采的房間並非一直鎖著門。我查看過了。看起來、聞起來，都滿像我在走廊另一頭的房間，簡直是鏡像。這是偉大的思想、偉大的創造發生之地，我會在這兒待一會兒。即使在那當時，我也知道這很荒謬：這些牆也見證過近乎可悲幻覺的巨大渴望。

「我不是人。我是炸藥。」——這是此一思想初興之地。炸藥的英文Dynamite源自希臘文的dunamis，意思是「力量」（power）。一個人如何能變成炸藥、變成強力意志？藝術的目的，依阿多諾的說法，是要將渾沌引向秩序。即使是最微少的炸藥，能夠創造多大的渾沌？我第一次的錫爾斯瑪利亞之行，大半時間都用在尋找答案。

長度短短的大廳總是空蕩蕩，剩我一個人伴著牆上的照片——里希特那些沾上汙漬的骷顱頭照片。哈姆雷特看見弄臣尤里克的骷顱頭時說得最好：「啊，可憐的尤里克啊！我認識他，赫瑞修；一個笑話永遠說不完的傢伙……而如今，在我的想像中，是多麼可厭啊！我的憎惡由此而起。這兒掛著我不知道親吻過多少次的唇，如今你的嘲弄哪兒去了？你的嬉鬧呢？你的歌聲呢？你那些說來就來、總是令滿座哄堂的歡樂呢？」十九歲那年，當我的憎惡因里希特的作品而起，我衝向我所能找到、有辦法登頂的最高峰。等我找不到我所尋覓的，便來到深淵的邊緣休息。里希特曾經拿一支沾滿藍漆的橡皮清潔刮刀，在他較為出名的其中一顆骷顱頭上面刮過去，那些漆就隨意地抹在人類臉孔上。他為他的怪異技巧解釋其誘因：「拿著刷子，你能掌控。漆沾在刷子上刷，你留下了印記。你從經驗中知道到底會發生什麼狀況。拿著橡皮刮刀，你失控了。不是完全失控，但有一些失控。」只不過是面對尤里克時的一點炸藥而已。

我不在的時候，炸藥已被小心移出尼采之家。十七年後，室內乾淨、新穎，而且貧乏。尼采或許會覺得嫌惡。這不再是偶有麻煩纏身的訪客在跨出腳步、踏入無情的大自然之前，可以安頓身心的一幢房子：它現在是如假包換的展覽館，也是作家們的隱遁之所。此地的焦慮與自由幾乎都沒了。我第二次——只怕也是最後一次——的造訪，是在夏末的一個早上。當時下著雨，我真的期盼能有點憂鬱，給森林之屋那幾天看似親切的款待打上底色。我真是失望透頂。

這幢建築快要被人群和光線給擠爆了。廚房的笑聲沿著房子的樓梯往上飄，在我一抵達時就在正門迎接我。我很快地數了數，有五、六、七個聲音——我當場就想走人。不過我沒走，反而慢慢上樓去我以前的房間，探查我曾花了那麼多夜晚走來走去的走道。里希特的作品不在了。這位藝術家在整幢房子裡僅存的痕跡，是二樓一片沾上汙漬的玻璃，是裝飾著西面窗戶的一塊幾何格狀彩玻璃，而且看起來和我年輕時所記得的骷髏頭一點都不像。在這個陰沉的午後，這扇窗看起來單調無聊，而且格格不入到了不忍卒睹的地步。這並非什麼羅馬天主教的主教座堂，我按捺著焦躁的不耐這麼想；這是一個男人——而非一個聖人——盡他所能與生命悲劇講和的所在。我那些汙漬與炸藥在哪兒？里希特的那片玻璃是在重現《四〇九六色》（*4096 Colors*）這幅作品，那是他在一九七〇年代所設計，一片八英尺見方的帆布隔成涵蓋全光譜的四千零九十六格色塊。他雇用學徒來給這件作品上色。我知道他心裡想的是某種崇高的美學理論，但在陰暗午後的尼采之家狹仄的隔間裡，這似乎有點荒謬，我還得克制著當時當場就想砸破這莊嚴之物的衝動。我沒這麼做，反而設法讓自己把注意力集中在這間展覽館的牆上。

這幢房子已經轉型成藝廊：軌道燈把光打在曾造訪錫爾斯瑪利亞、來看人上人的那些大人物具有歷史意義的身影素描上。樓下傳來更多笑聲。這不只是一間藝廊，它也已經變成一間勉強夠格的旅館。我可以聽到他們正在談論尼采和永劫回歸——配著糕點和卡布奇諾咖啡。一九六二年，匈牙利馬克思主義者盧卡奇（Georg Lukács）*寫了一篇論戰文章抨擊阿多諾，以及其他先後來過錫爾斯瑪利亞並在森林之屋落腳的學者。他稱之為「深淵旅館」：一幢瀕臨無底深淵的宏偉旅館，一處人們可以冥想存在真空的奢華場所，一間由此觀看世界盡頭的安適藝廊。更多的笑聲：我擔心尼采之家成了這樣的深淵旅館，不過，它大概已經是了。

我沿著走廊走下去，參觀展示品：這是阿多諾和他的朋友馬庫色，後者是《單面向的人》（*One-Dimensional Man*）作者，該書闡釋現代性令自我實現陷於窒息的傾向。在他們之後是里爾克，莎樂美的愛人，他定期會到恩加丁來。還有掛在藝廊角落的，是湯瑪斯．曼，他在阿多諾的協助下，於一九四〇年代中期寫出了《浮士德博士》（*Doctor Faustus*）。富而有禮的湯瑪斯．曼在二次大戰後，就已經把森林之屋，而非尼采之家，當成他第二個家。這些人都試圖捕捉尼采的一點什麼。

湯瑪斯．曼的《浮士德博士》是一個男人的故事：雷佛群（Adrian Leverkühn），他在許多方面都與尼采相似。承擔著偉大知性的雷佛群，就像哥德人和日耳曼人傳說中的浮士德原型，對他所擁有的知識深深不滿。畢竟，這只是人類的知識。他想要更多。所以他故意染上梅毒（許多人仍然認為就是這種疾病使尼采陷入瘋狂），藉由瘋狂放大他的天才。當然，他和此一圖謀很快就向下沉淪。到了書的末尾，耽溺於耶穌最後審判與受難的雷佛群，打電話叫他的朋友們（就讓我們以其身分稱之：門徒們）來和他作伴，並見證他自我施行的十字架刑。

湯瑪斯．曼版的浮士德企圖要讓尼采起死回生，但我忍不住要想，有一個重點失了準

＊一八八五～一九七一，傳統西方馬克思主義創始人。他將物化和階級意識引入馬克思主義哲學和理論。

頭。此書寫於流亡期間，這要拜一場大戰之賜——這聽起來很有尼采調調——但寫作的地點是在洛杉磯。湯瑪斯·曼很喜歡那裡，他會帶著他的獅子狗在太平洋帕利薩德區的豪宅區散步，相當的開心。這位諾貝爾獎得主穿著講究、善於社交，而且很喜歡這穩定的氣候。他逃過了大暴行，所以，一點點的好天氣是他應得的，但加州，這頹廢之風落地生根之地，其豐饒富裕似乎與尼采的知性計畫扞格不入。這似乎是默認了文明的迂迴沉淪，而非與之搏戰。

我走過赫曼·赫塞兩張從黑框之後向外逼視的照片。他看起來一如往常，對事物徹頭徹尾地多疑。或許，他的多疑是有道理的。或許，單調乏味的現實與無盡的可能之間、人們的社交生活與粗直真誠之間，其不相諧調之處引發了深沉的憂慮，甚至更糟。我轉身離開赫塞，朝著尼采昔日住房而去。

午餐時間又在我不經意間過了。我並不餓。現在是午後過半，陽光開始穿過里希特的窗戶、傾注彩色電影般的光影。尼采的臥房上了鎖。某些物事如今設了限。展覽館的管理人一定是把房間鎖好了才離開。即使是沒上鎖的期間，尼采的房間在白天期間也用封鎖線隔開：一條沉重的白繩從橄欖木門框的一邊垂掛下來。沒綁起來的一端綁成一個活結，套在門把上。我對著這幅影像琢磨良久，但接著決定要在卡蘿抵達之前，讓我自己的房間看起來體面一點。那天晚上有一位家庭友人把蓓卡帶去玩，而卡蘿聽說尼采之家變得不會令人毛骨悚然，答應那天晚上要來參觀。但首先，我們要全家去費多慈山谷健行。依尼采所言，為了找到悲慘狀態的正確對待方式，人們可以既是頹廢者，但也是其反面。

費多慈是崎嶇版的菲克斯山谷。冰原窄了很多，切穿山谷的河流在多處地點以險峻的花崗岩峭壁為堤岸。我確定我們到不了那些峭壁，但我們可以先踏出第一步。要到那兒，健行者得橫越森林之屋後方拉雷特林地高低起伏的丘陵。這不像美國東北部的森林。在阿第倫達克山脈或白山山脈，你一旦進了樹林，真的沒有回頭路。樹林往北延伸，大致上是連綿不斷，直到加拿大的凍原。拉雷特不一樣。短距離的步道，有松樹遮蔭、岩塊標線，還有松針鋪道，突然就變成了銀蓮花的美景與草地。這兒的路面是塵土，更常見的是剛被踩踏過的草。造訪錫爾斯瑪利亞的哲學家們，多半——包括尼采——喜歡這條步道。拉雷特夠高，你還是可以俯瞰，但沒有高到引發暈眩。我想，我們可以在找路往南去高地山谷之前，在湖畔一處展望台停留。早上的雨已經停了，景色會美得驚人。

蓓卡另有主意。樹林裡有些花，她必須全收集起來。不是大朵又顯眼的花，而是小朵、容易掉、容易不見的品種——這就是她在找的。當花開在草地裡，你到底為什麼會想在步道上健行呢？因為一開始是我想要去個什麼地方。卡蘿也想，所以我們一路上對蓓卡又哄、又寵了一個多小時。她在草地上會衝刺、會跳舞、會轉圈圈，但一上了步道，毫無例外，她就莫名所以地變得疲累。這就像牽著一頭無精打采的狗散步，但我們忽然想通了，於是乾脆直接放棄。這次的探險已經足夠了。我們已經走到離展望台半英里的一處開闊平野，蓓卡橫越草地，朝著一束現成包裝好的金鳳花猛衝而去，開心地癱成一團。已經走了將近一英里的她，這一天是累壞了。

這是度過一個下午的完美地點。一幢孤伶伶的白色小屋，高踞於離蓓卡一百碼處的山坡上，充當了大自然容得下人類生命的歡迎信物。而且可不是隨便一種生命：此時蓓卡正再次衝過高處的草地，雙手外伸，把她第一批採集物展示給我們看。等她來到我們身旁，我們每個人都有一把花瓣得小心保管，附帶一句悄聲要求：「你要保證不會弄丟了，拜託。」她很有禮貌，但態度是一點都不含糊的堅定。卡蘿和我在旁邊一處高地上安頓好，看著我們的小孩玩耍。「每一個真正的男人心裡，都藏著一個想玩耍的小孩，」尼采這麼說。他這一點說得大概是對的，但真要和小孩玩，女性哲學家通常表現得比較好。

我思量著手中的花瓣。歷史上，思想家們一向輕忽這樣的東西，但艾拉・卡波特（Ella Lyman Cabot），一位十九世紀的美國哲學家，曾經寫過類似卡蘿和我此刻正與蓓卡及其花朵共度的時刻。卡波特有一回帶著一群小孩（她用她的家族財產撫養了幾十個小孩）去採莓果，其中一個小小孩交給她三顆，不能吃、只能**看**。卡波特一開始甚至不知道自己看的是什麼，但接著她想到：「而我再一次明白，我們蠢鈍、愚笨、瀆神，沒看見這三顆在我們手指間排成一列的莓果無可抵擋的歡樂。」我從我們的隨身背包裡拉出一個夾鏈袋，小心收好蓓卡的花瓣。我們新英格蘭的房子後院有很多花，但蓓卡並未特別感興趣。阿爾卑斯山裡的嫩芽有某種特別之處：這是在日常生活之外的世界裡發現的東西。在我們散步的過程中，她對事物和時間的定位有些微的改變，而且足以分辨出其中的差異。對蓓卡來說，阿爾卑斯山裡的花，是這個品種的第一朵，值得關注與保護。

卡蘿握著我的手，指著山坡上的小屋。我抬眼看了很久，才看到一個古銅色皮膚的裸身男孩，大約七歲，低著頭匆匆躲進屋裡。過了一會兒，他帶著一個桶子冒了出來，在戶外的水龍頭下把桶子裝滿。他比蓓卡高一點點，從頭到腳曬得均勻。他的母親是一位三十多歲、體格健壯的美麗婦女，走出門來和他作伴，把她赤裸的棕色軀體安置在一張躺椅上。她瞄了草地這邊一眼，慵懶地對我們揮揮手，便閉上眼睛。她對自己揮手這件事全然缺乏自我意識。她不是暴露狂，但她不在乎人們是不是看見她。我隨時都對自己隱隱約約感到不自在，所以這對我來說幾乎是不可理解。蓓卡抬頭看，和他們打過招呼，又回去玩她的花，而我吐出一絲嘆息，對於她還沒遺傳到我的焦慮鬆了一口氣。過了一會兒，她從地上站起，突然朝著潺潺流下山丘的窄淺小溪走去，我硬是忍住當場制止孩子的大叫警告。她繼續動作，一路飛濺過夏日的午後。

傳統上，為父之道在於限制孩子對於可能性的感受。「爸爸最懂」這句話的下一句就是：「孩子不懂。」這種心態顯然有其正確之處：一個學步小孩正要爬上不安全的高處，是應該被阻止。孩子們偶爾會探索有害的可能性——生理上和心理上——而身為父母，密切注意存在主義式的自由對我們的孩子所造成的威脅，正是我們的責任所在。但踵武尼采的存在主義者主張，我們過度誇大對風險的反感，結果並未追查出個別處境的真實危險，倒是掀出了我們自己的焦慮感。

焦慮與恐懼——在日常生活中，兩者都要小心地加以避免。更具體來說，我們避開會促使我們焦慮和恐懼的物事（蜘蛛、考試、槍聲、小丑、湍急河流）。然而，這些經驗對於十九、二十世紀的歐洲哲學家有非常特殊的意義，而且這些思想家一般都同意，這些經驗不是那種可以或應該避免的物事。依尼采這類存在主義者之見，恐懼並無特定的實物或原因，反倒會從身而為人此一陷坑之中令人不快地發散出來。用齊克果的話來說，這是「對自由之可能性的感受」。想像你這一生所擁有的所有可能性，乘上十倍，然後再乘上十倍，最後自己想想你從年紀很小就開始自我設禁的許多選擇機會。此時，無論你有何感——那都類似對自由之無限可能性微弱、衰減的感受。成年之後例行公事般的生活，通常都使我們對這種恐懼麻木，但孩子們盡他們所能，提醒我們這種恐懼的力量。

為什麼我們要對自己的孩子設限？當然，幾乎所有父親都認為他們所作所為合乎孩子的最佳利益，但我正慢慢了解到，我們大多數人之所以保護我們的孩子，至少有一部分是因為我們或者在避免、或者正試圖處理我們自己的焦慮。我們越是聲稱這是關乎孩子的安危，就越明顯看出這全都是關乎我們自己。孩子們以歡樂與痛苦的各種方式提醒我們，身而為人是怎麼一回事。蓓卡不受拘束的好奇、天真的勇氣與全然缺乏羞恥之心，提醒了我：在某個遙遠時刻，我也曾擁有這些可能性——而且我費了不少功夫才把這些可能性都拋棄了。

午後稍晚，天空晴朗。太陽依然高掛，但已開始要把自己藏到我們西邊的群山之後。它把最後的溫暖陽光灑遍我們一家人落坐的草地。卡蘿在包包裡放了水果和一瓶巴羅洛葡萄酒：我們有三個人吃，有兩個人喝。事情發生時，我們就快要收拾打包了：一開始只是幾滴，接著是一片淡淡的薄霧，然後就是傾盆而下的暴雨。天空還是全然無雲——只有閃亮、耀眼的燦藍。但就是下了雨，很多雨，真正是憑空而降。我以前曾經看過太陽雨；在我二十出頭、自己一個人開車橫越美國時，蒙大拿州的東部、薄暮時分，我曾看著暴風雨在幾英里外聚而復散，就在逐漸黯淡的日光照射下。雨在上層的大氣中水平橫吹，然後落入陽光之中。但平原上還是看得到雲，雨自西邊來還說得通。費多慈的雨不是這麼回事。雨水源頭的雲藏在群山之後，這意味著雨滴似乎是成形自太陽與藍天。蓓卡咯咯笑著，我們倆則迅速收拾東西。蓓卡坐在我肩上，我們夾著尾巴，一溜煙逃回森林之屋。

我知道太陽雨有某種神話學上的意義，但我當下想不了那麼多。我只能召喚出另一個詞來搭配這樣一場暴風雨：法文的serein，意思是「祥和」，或是古法文的serain，意思是「傍晚」。這是一場令人平靜的雨，在即將入夜之際，引領人體驗真正的祥和。我們回到旅館，剝掉身上溼答答的衣物——我們三個都是——把自己塞進美景房裡超大尺寸的帶爪浴缸。我們快速吃完晚餐，保母來了，卡蘿和我手牽手散步去尼采之家。

其他客人還沒睡，聚在樓下的廚房裡，開心地聊著尼采最後的那些日子。卡蘿和我爬樓梯到二樓，她品頭論足地說這地方看起來多麼明朗。我不得不同意。我們歪七扭八地躺在床上，幾個小時後，決定要睡覺。卡蘿馬上就神遊夢鄉，剩我一個人設法讓自己在這「深淵旅館」裡舒服一點。我此刻對這間旅館有兩種非常不同的想法。這間旅館祥和、平靜，整個來說是愉快的。這幢房子已經變成某種我當初第一次來此旅行時絕對想像不到之物——情侶和友伴們的住所。存在主義式的傾盆大雨可能降臨，但些許陽光的可能性總還是有的。這些都沒錯，但關於時間與地點，還有一點什麼別的，一點不可思議且令人喪膽的什麼。

我翻身俯臥，用手肘把自己撐起來，在床墊上把腹部完全伸展開來。我這輩子已經花了很多個小時在這個姿勢上。每次飯後，只要我辦得到，還是會找一塊地板讓自己俯臥，直到多數人稱之為飽足的腹脹不適感消退。此時，我的手臂和手肘不再疲憊。我盯著卡蘿看了好幾分鐘，把她臉上的頭髮撥開，然後躺回到我的位子。她把這個姿勢叫作「獅身人面像」，還溫柔提醒我生活中要放鬆。但不是今晚。我翻身回到自己那一邊，幾乎無意識地用拇指緊壓肋骨。這也是一個熟悉的動作，一種從年輕時就有的強迫性確認手法，不知怎的，能讓我安心確認自己人還在這兒，或是確認有分量恰到好處的我不在這兒。

以前我不想去想，但在這房內的黑暗中，無從迴避。除了serein之外，太陽雨還有其他稱呼。在世界各地，這種大氣現象有一種相似到令人吃驚的民俗意義。在法國，他們稱這樣的暴風雨為「狼的婚禮」——雨應當是象徵新娘的眼淚吧。在菲律賓，更糟：太陽雨標識著馬頭人身妖（Tikbalang）的婚禮，這是神話裡一種會騙人的妖怪，將旅途中的旅人導向歧途——把他們騙得團團轉，永遠到不了目的地。什麼樣的人會愛上、更別說嫁給這種可怕的生物，是我無法想像的：他看起來就像一個身體拉長的人類，高瘦且憔悴——只除了他有一顆馬頭。

第三部

第十章

馬

對於那些我還有一絲掛懷的人類，我願他們受苦、不安、染病、受虧待、受辱——我願他們別再不知深沉的自我輕視、不知自我懷疑的折磨、不知敗戰者的悲慘：我對他們沒有憐憫，因為我願他們擁有今日唯一能證明人有無價值之物事——那就是堅忍不拔。

——尼采，《強力意志》，一八八八年

一八八八年九月二十日，尼采最後一次揮別了他在錫爾斯瑪利亞的避暑之地，上路前往杜林。他的情緒和生產力高漲。他在這個義大利城市的活躍——我拒絕稱之為狂躁——因為一種引來鄰居和朋友注目的怪異，而越來越常被打斷。若說他在錫爾斯瑪利亞是靠自己一個人，那麼我一點都不懷疑，這些心理學上的太陽雨會有好幾個月、甚至好幾年不被發現。但在杜林，無論是好是壞，他有了一些同伴，而這些同伴不太能了解他在這段時期將要經歷的性格轉變。

一八八八年，他開始在信件上署名「戴奧尼索斯」，而在次年，他有了「十字架受難者」這個別號。一八八九年新年過後幾天，他在給友人布克哈特的信中解釋：「基本上，我是歷史上的每一個名字。」他幾次最不尋常的時刻出現在他長時間連續工作到深夜之後，當時他撰寫了多篇自傳式短文，講述戴奧尼索斯的創造性、基督教義的缺陷及無可逃避的歷史甦醒。就在這時候，他正與他自己的過往角力——最明顯的是他那疏離交惡、陰魂不散的代理父親華格納。事實上，住在杜林的那段期間，他坐在鋼琴旁，憑著記憶不斷彈奏華格納的作品。令屋主非常驚怒的是，他的指法退步成砰砰砰地重敲琴鍵，多半是用手肘敲。這些原本都可以被原諒，要不是尼采與馬之間發生了決定命運、有名過了頭的事件。

當我們開始邁向這趟旅程的尾聲，我非常努力地不去想起尼采生命的終點。

那是恩加丁可愛的一天。那個星期稍早，蓓卡在森林之屋後面的山腳下看見一群馬，現在她想養馬了。我不能怪她，這些動物是氣宇非凡、超脫世俗之物。她一點都不怕，還爬著我的背、坐上我的肩膀，求我「再靠近一點，爸拔」。我小心翼翼地移過去，讓她的小手抓住暗黑色鬃毛。這頭巨獸沒動，除了差點把我的腳踩碎的那隻馬蹄。

蓓卡是可愛的小孩——在我看來，是最可愛的：深情、性情平和、好奇、愛玩，和她母親如此相像。她伸出右掌，往上朝這頭動物的耳朵伸過去，左手則滑過牠脖子下面。光這件事就美到值得為之掬淚，但我沒哭。蓓卡要求騎這頭巨獸，幾分鐘後我終於說服她，坐馬拉的車也很好。下午，我們乘馬車前往菲克斯山谷。經過我們那趟不算成行的費多慈之旅，卡蘿和我都同意，蓓卡還太小，不能去健行，而汽車又不准進入山谷。我們就坐馬車去。尼采大概不會贊同，但這是全家人一起去那兒的唯一方法。

通往冰河的登山步道是一條僅供一名、最多兩名健行者緊貼而過的狹窄路徑。有之字形的路要通過、有瀑布要跳、有鬆動的石頭要擺平——在昏暗的光線下，這條步道不只是有點危險而已。相較之下，通往菲克斯山谷的道路既寬敞、坡度又緩，人都可以閉著眼走，馬大概也行吧。蓓卡和車夫一起坐在馬車前座，車夫在兩頭動物頭上懶懶地揮動長鞭。卡蘿和我把後座留給自己——樂得看著並讚嘆孩子竟能長得這麼快。

這是阿多諾徒步走過之處。他一直到二次大戰後才開始造訪森林之屋，而他是在六十幾歲時，寫出〈來自錫爾斯瑪利亞〉（Aus Sils-Maria）這篇談尼采和他那個村落的文章，最早是在一九六六年十月，以隨筆形式出現在一份廣受歡迎的德文報紙上。阿多諾是以反思文章記錄他與同輩哲學家馬庫色的錫爾斯瑪利亞之行。這兩個年近七十的男人，都是來朝聖尼采之類的。他們步行前往菲克斯山谷，期望能循著尼采足跡，發現點什麼。但我無法想像他們走過這條登山步道。他們的旅程是尼采那趟的遜色抄襲版，而我們就更加遜色了。就某種意義而言，這是免不了的。的確，在杜林的那些日子裡，當尼采發自真心地彈奏華格納的作品，或許已將他引向類似的結論。阿多諾解釋：「人類模仿其他人類，終歸只會變成人。」這在文字敘述上或許為真，但真相，至少在這個例子裡，是痛苦且令人沮喪。「今天的自我意識，」他寫道，「不再有任何意涵，只是反映出本我的困窘、本我的無能之真實：認知到人一無所是。」

我抬頭看著蓓卡和持鞭的男子。一開始看起來好像他根本沒在用鞭，但一、兩分鐘後，我注意到他偶爾會放低鞭子，尤其是在山坡上，讓鞭梢的絲線刷過正波狀起伏的棕色馬背。這些巨獸立刻加快牠們的步伐，我則怯縮起來，以為蓓卡會領悟到，這種形式的服從是與暴力連動的。謝天謝天，她沒有。有那麼一下子，我想到一幅雷、尼采和莎樂美在琉森的超現實畫面：一名女子拿著鞭子，兩名男子上了軛具。鞭子低嘯過馬背，我們的車輪緩緩滾上下一個斜坡。動物是如何感受到這一點呢？必須不斷進行何種訓練，才能培養出這種敏感？

我們開始攀上適當的海拔高度，山谷在身後綿延。高踞我們上方的，是那個星期稍早我走過的步道，此刻只是綠色背景中的一條細線。我知道，它很快就會完全看不見。從那兒，可能已經看得見下方遠處那棟菲克斯的小屋。阿多諾筆下曾提過散布谷底各處的村莊：從上方俯瞰最好看。的確，高高在上。「從這些制高點看下去，村莊看似有鬼鬼祟祟的手自半空中擺放，彷彿是可移動、沒有穩固地基。這使得這些村莊看似玩具，向那些想像力宏大的人們保證玩得開心：彷彿人們可以隨他們高興處置這些村莊。」高高在上會讓人有此感受。尼采稱此為「距離的感染力」（pathos of distance），大概是有些道理——俯瞰時的壯麗之感——但這些美景只是暫時的。無限可能性之感結束得如此之快。人們為了更好、更寬廣、更全面的視野而爬得越高，就越有可能得到高海拔疾患，也可能很難重新適應低海拔。

阿多諾和馬庫色不在菲克斯山谷四處遊蕩時，採訪了錫爾斯瑪利亞少數還記得尼采這個人的一些居民。一位年長的商店老闆名叫曹恩，當哲學家避居鎮上時，他還是個小男孩。他記得尼采不管什麼天氣都帶著一把紅色陽傘，以便為自己敏感的頭部遮擋惡劣的天候。曹恩和村裡其他男孩們，會把礫石偷偷放進傘裡，這麼一來，尼采一打開傘，礫石就會撒在他身上。他是一個真心想要保護自己的男人，卻一再適得其反以至令人瞠目結舌的地步。據曹恩所言，尼采會追著他們跑，卻從未抓到或傷害過他們。這，我只能假定，是認命的時刻，是接受自己是個命定就該遭受四面八方（溫和）打擊的男人。

我們的馬車慢了下來，蓓卡發出一陣陣的笑聲。路奇，一匹二十歲大、我所見過最大隻的種馬之一，腳步突然遲頓，大起便來。其結果既巨大，根據我女兒的說法，又歡欣鼓舞。這東西掉進裝配在輓具後面、一口上了蠟的麻布袋裡。顯然，這條通往菲克斯的道路上有某種維護清潔的規定。路奇還沒大乾淨，之後又暫停了一下。大多數的馬都可以一邊大步走、一邊做這檔事，但路奇不想。這「一下」也太久了。鞭子輕輕落在牠背上。接著又一鞭，沒那麼輕了。不管喜不喜歡，路奇大完了。一頭巨獸日復一日被迫在受鞭打時夾著自己的屎——我想不出更適於同情的對象了。在《罪與罰》（*Crime and Punishment*）一書中，拉斯科爾尼柯夫（Raskolnikov）在夢中目睹一匹馬被鞭打至死。他的反應自然且自發：一邊擋住攻擊牠的醉漢，一邊擁抱並親吻這可憐的生物。

拉斯科爾尼柯夫的夢成了尼采的現實。一八八九年一月三日，他在杜林的卡婁阿貝多廣場抱住一匹馬。他當時應該是癱倒在地，失去意識。尼采意圖保護這頭動物免受其駕者鞭打，但在這過程中，他扛不住多年來所承受的壓力——生理的、心理的、哲學的。廣場中，卡里尼亞諾宮的巴洛克門面是啟蒙運動與頹廢的象徵，龐然聳立在他上方，而他已崩潰。這大概就是尼采裂解之地，而多數學者認為，在他這一生僅剩的十一年間，尼采再也無法把自己重新拼整起來。許多討論其哲學的書，都在他與杜林之馬這命定的一會畫下句點。然而，這些記載有其虛假或薄弱之處：他們轉頭不看的，恰恰是尼采原本會激起更高警覺之處。他後期對於頹廢的研究教了他一件事：在探究衰頹與自我毀滅時要有耐性。這往往要花上比人們所以為還要更久的時間，而當有什麼東西完全消滅時，人們就得把眼睛張得格外地大。

尼采生命最後的十餘年揭示了很多事：生命本身超乎哲學；退化往往被當成有必要加以掩飾的困窘；死得其時，是生命最大的挑戰；瘋狂與識見深刻之間的分界線，是一絲高懸群山之中、終將消逝的幽微細線。

第十一章

瞧！這個人

最高之人……將會是最強烈表現存在之反題（antithesis）特性的那個人……

——尼采，《強力意志》，一八八八年

我們在山裡的日子還剩三天，而我還有兩本小書擺在行李箱裡，《瞧！這個人》和《反基督》，兩本都出版於尼采在杜林心理崩潰的數年後。我知道我想在何處讀《瞧！這個人》：在鮮為人知、往菲克斯的登山步道上方，俯瞰谷地的懸崖邊上。我的背包很輕——只有一瓶水、一盞頭燈，還有我的書——在日出之前上路。

「我午餐過後回來，」我離開前在卡蘿耳邊小聲說。

尼采最後十年是在對這條步道的思念中度過，但他被看管在屋內最深處、在鎖鑰及其母、其妹的注目之下。尼采的母親從一開始就努力彌補他無父之憾，這導致我一直認為非其本意卻可預見的後果：絕對的奉獻近乎絕對的互累（codepedence）。她的兒子在各個時間點上一直與她保持距離——譬如她插手他與女人之間的關係時——但尼采的心理健康據稱在一八八八年衰退時，芙蘭契斯卡終於可以完全隨她高興地照顧她的長子。現在她將會是那個帶他去散步的人，而且她特意安排散步時間，這樣他就不能對她的鄰居大叫或咆嘯。她也不讓他走他常常想去走的危險路線，那是許多曾在尼采年輕時啟發他，而他在生命終了時所歸向的思想家們指點的道路。其中一位是浪漫現代主義（Romantic-modernist）詩人賀德林。

早在尼采之前將近一個世紀，賀德林就已經歷過西方文明的衰退。他在法國大革命的餘波中，以一種試圖將日耳曼與古希臘思想結合的風格寫作，努力想要理解毀滅與創造之間的關係，而他主張，毀滅創造出新生的空間與機會，這一點和尼采很像。在一篇題為〈於消融中生成〉（Becoming in Dissolution）的殘篇論文中，賀德林寫道：「然而，在介於存有與非存有之間的狀態中，可能者處處皆成真實，而……就藝術言，這是一個可怕卻神聖的夢想。」

追隨先蘇哲學家赫拉克利圖斯（Heraclitus）[1]的賀德林，是一位「垂淚哲學家」，深受當時名為疑病症（hypochondria）而今日所謂的憂鬱症或焦慮症所苦。他的脆弱心理使得他很難去工作維生，主要是靠母親支持。他最後幾年的自由時光是在「日以繼夜」彈鋼琴中度過。這幾年的自由終究畫上句點，他在一八〇〇年進了奧騰黎特收容所，穿上緊身衣並被迫戴上奧騰黎特面罩（Autenrieth mask）。面具以皮革和木材製成，是一種讓病人不能講話或大叫的嘴套。賀德林遭強迫餵食——一種我經常想像的地獄。於是他更加快速地惡化成大多數人所說的瘋狂。

---

1 西元前五四〇～西元前四八〇，古希臘哲學家，愛菲斯學派（Ephesians）創始人。他的文章只留下片段，愛用隱喻、悖論，致使後世的解釋紛紜，被後人稱作「晦澀者」（The Obscure）。

尼采景仰賀德林的作品，也一定對一個在創造之狂熱中內爆的男人深感同情。不過，他對賀德林的深刻敬意，可溯源至這兩位思想家對一位最接近他們世界觀的古代哲學家共同的讚賞。不是赫拉克利圖斯，而是恩培多克勒（Empedocles）[2]。恩培多克勒相信世界只依循兩種秩序原理在運轉：愛與衝突。他的宇宙論想像一種動態循環，先以衝突將事物拉開，再以愛情將事物拉在一起，永恆輪替。依恩培多克勒之見，這是所有創造的核心與靈魂。賀德林與尼采都完全能夠接受這種對於實在界的描述。

▲

阿爾卑斯山隨便哪裡都可能有危險。依據你應對地形地物的方式，會讓危險性或增或減。我選擇了前往菲克斯的登山步道，這條步道在將近七千英尺的高度橫越山脈，但健行兩小時後，我暫停休息，凝視著我上頭直通特雷莫吉亞峰的山稜線，高度是一萬一千二百英尺。我並不特別在乎是不是到得了那兒，但我的確想要站在某樣東西的頂端。所以，我採取了年輕時經常採用的作法，走垂直上攻的路線。我不會走太遠，只是幾千英尺而已。這種事我年輕時做過，而我確定會再次成功。

在這形貌不定的無人之地，步行與技術攀登之間，還存在著徒手攀爬這回事。你像頭野獸一樣四肢著地，手腳並用地靠你的手臂拉、靠你的腿來推。在阿爾卑斯山上，你可以走設施完善的步道，有瑞士阿爾卑斯俱樂部（一群令其他運動員感到羞愧的八十幾歲老人家）幫你標好線，你也可以靠徒手攀爬來開闢自己的路線。說真的，我很少看到健行客這麼做——其實是一個也沒有——但我確定大多數的徒手攀爬者一大早就上路，而且像我一樣，以最高速爬完一開始的一百英尺上攻。才幾分鐘，他們就爬到聽不見你講話的地方，接著就快速消失在視線之外。我不太確定為什麼我要像這樣飛快地遠離步道：大概是因為害怕會被逮到或處罰，因為我跨越了某條沒有標示的邊界。又或許純粹是因為我做得到。不管怎樣，在這天早上，我想要快速移動。

在阿爾卑斯山徒手攀爬有兩項規則（很可能不只兩條，但我還不曉得）。第一項是「找一條線」——也就是說，找一條你可以爬而不會死的路線。你可以利用鉅細靡遺的地形圖，但我一向認為那是作弊。徒手攀爬者應該尋找鬆動的岩石最少的路線，避免任何超過十英尺

2 西元前四九〇～西元前四三〇年，古希臘哲學家。他的生平富神話色彩，相傳他為證明自己的神性，投進埃特納火山而亡，但是火山卻將他的青銅涼鞋噴射出來，顯示他的不誠實。另一個傳說是他跳進火山，向他的門徒證明其不朽；他相信自己在遭火焚之後會化作神回到人間。後世騷人墨客常以此為題材。

的垂直上攻。小心溼滑表面——有黏液或冰覆蓋的岩石——並善加判斷靴子，以我來說是舊拖鞋，要踩在哪裡。徒手攀爬的第二項技巧，是不要被這個看似無害的名稱給騙了。或許看起來危險性應該比技術攀登小很多，也應該是，如果攀爬時其實是有繩子綁住的話。如果有人在技術攀登時摔下來，確保器會（希望會）拉住這個人。但徒手攀爬的進行是不綁繩子的。人們應該做好準備，不靠任何協助地待在岩石上，因此要特別小心健行者所稱的「曝險」，或是跌入半空消失的可能性。

一開始爬得輕鬆：中海拔的苔蘚類草皮讓我有點東西可抓，而且坡度不是特別陡峭。萬一我踩滑了，膝蓋可能會磨破皮，但也就這樣。我雙手交替往上爬，沒什麼困難就到達第一處堅實的高地。當然，這處高地只是讓我更清楚地看見接下來要爬的是什麼。草皮不見了，代之以花崗岩。又爬了兩處高地，已經找不著我的出發點了。我徒勞無功地張望，但我心想，這應該不是我的錯：忘記自己最近幹過什麼好事，對業餘登山者來說，只不過是剛好而已。我知道自己從底下遙遠的某處出發，但天曉得是哪裡。我對於自己的目的地有點概念，但只隱隱約約：高高在我之上，我會在某個地方停下來。事後證明，接下來要再過幾個小時，那個終點才會揭曉。我找到一條線，沿著菲克斯山谷另一邊某座無名山脊的稜線往上。過了一段時間之後，是午後過了很久，我在一處岩盤上安頓妥當，這處懸崖看起來，大體上就像我一直在找的那個。

這夠高了。我把《瞧！這個人》從我大致上空空如也的背包裡取出，向自己保證：我只讀幾頁就好，然後就會在黑暗降臨之前爬下去。只是幾頁而已：「那些能呼吸我作品中之空氣的人們知道，這是一種高處的空氣，一種強而有力的空氣。人們一定適合這種空氣。要不然，危險就大了，人們可能因此而著涼。近旁有冰，孤寂巨大——但萬物沐浴光明之中，多麼平靜。人們呼吸，多麼自由！從己身之下所感受到的，多麼豐碩。」《瞧！這個人》，是尼采的自傳，是他在心理崩潰邊緣所做的敘述。或許正是這敘述，**容許**他越過邊緣。這的確是我所讀過最個人、最道道地地的非真敘述（authentically inauthentic story）。充滿了誇飾文藻與自我抬舉、迂迴曲徑與死路，以及某些讀者視為發狂心靈徵象的內容。〈我為什麼這麼有智慧〉、〈我為什麼這麼聰明〉、〈我為什麼寫這麼好的書〉：這些是《瞧！這個人》的主要章節標題。我同意：尼采要是不知曉自己的誇張，那他就是完全瘋了。但這是一種有自知之明的虛偽誇飾。

反諷讓人得以同時講述兩件事，其實就是在單一發言中表達兩種互斥的真實。它讓人們得以發聲表達愛與衝突、蒙恩戴德與忘恩負義、救贖與罪責、大勝與慘敗，全都在一息之間。「我是全世界最優秀的哲學家」、「我是完美的父親」、「我有絕對的自知之明」：這些不可能的夸言例子，其實是非常老實地顯示其距離真理多麼遙遠。反諷是雙面者的語言，使其得以既是頹廢者、也是頹廢者的相反。尼采坦承：「一系列的雙重體驗，此一進路通往看似隔絕的世界，在我的天性中、在各個方面一再重現：我是**分身離魂**（Doppelgänger），我除了第一張臉，還有第二張。或許也有第三張。」

或許這些是一個瘋子的狂言，或是更具體來說，如朱利安．楊（Julian Young）[3]所主張，是躁鬱症的徵象。又或許，尼采正將讀者的注意力導向人類諸多現實賴以為支撐的分歧特性、人們在成年生命歷程中所體驗的分裂與解體。深深感受年紀漸長中帶有智慧的感傷；理解人們的青春並未遠去，而是永遠隱藏在視線之外的某處；期待創造的同時，也要面對自我毀滅——這就是盡力對《瞧！這個人》之難義加以理解並解答。為人父母，便是在義務與個人自由之相違中度此一生——以我的整個存有去愛一個孩子，卻將自我認同之中不因為人父母而被觸及的一點什麼給保留下來。尼采闡釋此一分裂自我何以不只可能，而且不可避免。

尼采謹慎地挑選了他的書名。Ecce Homo（瞧瞧此人）：這是彼拉多（Pontius Pilate）[4]在行十字架刑之前、示耶穌於眾時所說的話。在此之前，耶穌已經慘遭痛打、戴上荊冠，還披上皇袍，當作是最後的羞辱。瞧瞧此人，因其諸般脆弱與苦痛而受人嘲笑。瞧瞧此人，他打算偽稱是彌賽亞。卡拉瓦喬（Michelangelo Merisi da Caravaggio）[5]在一六〇五年對此一場景的描繪中[6]，彼拉多裝扮得像個十六世紀的貴族學者，站在耶穌之前，直視著觀畫者。彷彿彼拉多才剛把一名想當彌賽亞的人身上的布幕掀開。他的姿態和隨意掠過的手清楚說著：「看吧，我就跟你們說嘛，他只是個人。」接著就是這個人，他可以說是無關宏旨——只是一個體型普通、一頭蓬髮、戴著荊冠的傢伙，目光朝下，對他所處的困境感到羞愧。在這個人後面是對他施虐之人，一個怪異的雙面角色，他既恨又憐地用袍子蓋住這個死刑犯。當然，耶穌理當是最典型的分裂存有——全然為人且全然為神——但在「瞧瞧此人」的過程中，他是人性到太人性了。當「瞧瞧此人」結束，只剩下了空墓穴之謎。

開始下起小雨，時近傍晚。我還不想走，但得快點離開了。我望過懸崖邊外，看見峭壁陡下約莫二百英尺，然後稍稍轉平。《瞧！這個人》關乎「曝險」，把自己拉出來，置於開闊之

3 一九四三～，美國哲學家，以專精後康德哲學（post-Kantian philosophy）著稱。
4 ?～三六，將耶穌釘上十字架的羅馬總督。
5 一五七一～一六一〇，義大利畫家，通常被認為屬於巴洛克畫派，對巴洛克畫派的形成有重要影響。
6 即其同名畫作*Ecce Homo*，中文或稱《戴荊冠的耶穌》。

處，把向為禁區的部分給暴露出來。攀岩者談到「曝險」，明顯夾雜著崇敬與恐怖，而這是應該的。當與之直面對陣時，有一種一決死生的得意欣喜。尼采引用奧維德（Ovid）[7]的句子寫道：「為禁忌而爭。（Nitimur in vetitum.）」在杜林的最後幾天，當尼采完成了《瞧！這個人》，瑞典劇作家史特林堡（August Strinberg）[8]寫信給他：「我願，我願瘋狂。」

為什麼尼采和賀德林這麼受恩培多克勒吸引？不光是因為他那愛與衝突的宇宙論。根據神話傳說，恩培多克勒勉強算是個登山客。有一天，他爬上埃特納山，這是西西里島東端一座巨大的活火山，是名氣比較響亮、埋葬龐貝城的維蘇威火山兩倍半那麼大。恩培多克勒徒手爬上埃特納火山口，躍向他的死亡。

然而，這不只是隨隨便便的自殺而已：恩培多克勒之死，根據傳說，是永恆生命之始。他被焰火燒成灰之際，便是他受取不朽之時。若以此種方法來解讀這個故事，死得其時，是有它的好處。尼采在年輕時讀了賀德林的《恩培多克勒之死》（*The Death of Empedocles*），馬上就欣喜狂迷。在《瞧！這個人》一書中，他顯然重新回到這個主題：「人必須為不朽付出高昂代價，」他寫道，「得趁還活著，死個幾次。」羅馬詩人賀瑞斯（Horace）[9]視恩培多克勒之死為最典型的創造行動，是以例外證明常則——藝術家有為了原創性而自我毀滅的傾向，但也受世人容許。

我把目光從淋溼的書上抬起，看著下面的山。我突然想到，我忘了「找一條線」這件事：徒手攀爬者應當要規劃一條可以輕鬆下山的路線。在乾燥的情況下，這不會是很大的挑戰。但岩石現在滑溜溜的，而且小雨繼續在下。許多受困的登山客根本就不是登山客——他們是往上爬得太遠的徒手攀爬者，想到可能會摔下去就傻住了。當這種情況發生，命運之神微笑，直升機就被叫來進行空中吊掛，救他們脫離窘境、前往安全地點。我上次的阿爾卑斯山之行就看過這種情況：兩名披著雨衣的健行者徒手攀爬到柯爾瓦奇峰的一萬英尺處，卡在他們沒辦法越過的稜線上。當直升機前來救援，我為他們感到尷尬。我打算冒雨賭賭運氣，但這次我會小心。

當我往低海拔處緩慢前進，而暮色以驚人的速度逼近，我想起了賀德林的《恩培多克勒

7 西元前四三～西元前一七／一八，奧古斯都時期的古羅馬詩人，與賀瑞斯、卡圖盧斯（Catullus）和維吉爾（Virgil）齊名。今日最為人知的作品為《變形記》。

8 一八四九～一九一二，作家、劇作家和畫家，被稱為現代戲劇創始人之一。在其四十餘年的創作生涯裡，寫了六十多部戲劇和三十多部著作，其著作涵蓋範圍有小說、歷史、自傳、政治和文化賞析等。

9 西元前六五～西元前八，奧古斯都時期著名詩人、批評家、翻譯家，代表作有《詩藝》等。古羅馬文學「黃金時代」的代表人物之一。

之死》一書中先前被我忽視的一個細節。詩作大部分是以埃特納山為背景。哲學家人在山上，當他正沉思著自己的命運，他所愛的人們向他伸出了手。他的妻子懇求他從岩盤上下來，重新試著過正常的生活。但她的哀求令他堅信，下山的路只有一條。如果必須有人懇求才能讓他退離火山邊緣，或許這些焰火確實有其吸引力。恩培多克勒跳下去，不是要變成不朽，而是要證明他早已經超越生命的漫長苦難。火吞噬了他，直到什麼都不剩，或是幾近什麼都不剩。在離埃特納很遠的某處，有一隻青銅涼鞋從天而降。恩培多克勒的那隻鞋子，是他這場致命的、或說是神聖的實驗僅存之物。

或許《瞧！這個人》是尼采版的恩培多克勒之躍。他不是滑倒，他確切知道自己在做什麼。看似瘋狂，或許也是，但這是他的瘋狂。

又或許，《瞧！這個人》只是尼采的涼鞋。

等我到了森林之屋，午餐時間已過。晚餐也過了，黑暗已經吞噬了群山。可以理解，卡蘿正惶惶不安。我走過大門的那一秒，她馬上從憂心忡忡轉為勃然大怒。

「你**他媽的**跑哪去了？」她呲牙裂嘴地低聲說道。

我們安撫著蓓卡，她是在擔心爸拔或者摔死、或者拋棄她的心情中過了這個傍晚。卡蘿帶她去另一個房間，打開那台在我們住宿期間一直沒出過聲的電視，把音量轉大。這不妙。

旅程剛開始，卡蘿的心情一直是平靜愉快，但最近幾天，隨著我的群山之行變得越來越久、越來越頻繁，她已經越來越沒耐性。現在是完全沒了。她回到房間裡，開始抨擊我，一如唯有康德派才做得到的那樣——平靜、毫不留情、無可反駁。不，她不打算接受我為自己辯護的微弱嘗試，指責我根本就是那種不成熟的屎蛋，虧我之前還一直堅稱那是對我存在主義式導覽的錯誤解讀。我就是這麼一個沒人比得上的蠢貨。我們之前說好的一起照顧小孩呢？我自己一個人去山裡健行、留她照顧蓓卡是什麼意思？如果我真的想要自己一個人，或許她乾脆帶著蓓卡回家算了。那麼，我就可以完完全全自己一個人變老、變瘋。

當然，她說得都對。最後我道歉（這我是真心的），答應不會再有任何沒事先講好的行程（這我想我是真心的），然後回去幫我們的小女孩洗澡，幫她打點好上床睡覺。事情進行得相當順利，直到我幫她刷牙時。蓓卡通常都是這麼聽話、個性好，我幾乎以為她永遠都會這樣。通常她都會張開嘴巴，我會擦洗她的小白牙，但今天晚上不一樣——這是對一個臨時脫軌的父親適當的懲罰。

我都還沒要她打開下巴，就看見她的咀嚼肌不動了。接下來她就光是搖手。我再次要她打開，她張開嘴巴的時間剛好夠她說「不，謝謝」，然後從緊閉的雙唇後面發出咯咯咯的殘酷笑聲。我提高音量，但這只是讓她更用力咬緊牙關。這是在開玩笑——我知道——但我沒笑。我還沒跟她講過尼采的獅子故事，那個對權威說「不」的自由精神，或是梅爾維爾（Herman Melville）[10]的〈抄寫員巴托比〉（Bartleby the Scrivener），這是他在一八五三年所寫的短篇故事，內容探討尼采所謂以自我毀滅式的抗拒屈從來實現自由之可能性。但有些小孩天生就懂這些，她現在就是用這些來和我對抗。

梅爾維爾的巴托比是華爾街一位律師的抄寫員，他慢慢地、有系統地抗拒他的生活要求他去做的事。他並非向來都那麼難搞。一直到某一天為止，他都還是完美的員工（令人愉快、忠實盡責、唯命是從），但後來他被要求去校對一篇太過無聊的法律備忘錄，就突然發作了。不太清楚為什麼，他回了一句在故事剩下的篇幅中揮之不去的答案：「我寧可不做。」被要求去做他的工作時——他「寧可不做」；被要求離開法律事務所時（顯然是因為被開除了），他「寧可不做」。我們當然想知道他為什麼寧可不做，但沒有理由。巴托比不需要提供理由。這是一篇關於意志的故事。他繼續抗拒一切，就連食物和飲水也是。所以，四天後他被發現時，脫水、飢餓，死透了。

蓓卡的巴托比生涯，始於兩年前以一個「不」——誇張而且沒有解釋——來回應我拜託她把鞋子給我的請求。就各方面而言，這都是一個合理的請求。我們要去公園，是她最愛的公園，而公園都要求穿鞋。最後我幫她把鞋子穿上，但麻煩還沒完。那天晚上、還有之後許多天晚上的晚餐，這個簡單的「不」變成表達得非常明確、冷靜到令人不安的「不，我不要」。不，她不要吃豆子、柳橙、葡萄、優格或義大利麵。不，她不要在餐桌上、沙發上、她的椅子上吃。她不要在這兒或那兒吃，她在哪兒都不吃。我完全不知所措，那天刷牙時還是一樣，現在大致上也一樣。蓓卡幫我弄懂了，這則短篇故事令人不安，恰恰在其反映出一個與我們自身有關、深刻且擾動人心的真理，一個諸多十九世紀作家如梅爾維爾和尼采已經開始發掘的真理：在我們生活的合理習性底下，隱藏著一點無法解釋的什麼，而這一點什麼，就是選擇退出的能力，甚至違反了我們較為正確的判斷。我只想把蓓卡身上的這一點什麼碾碎，除此之外別無他求。

卡蘿把頭探進浴室來，幾乎是微笑著說：「爸拔，種瓜得瓜。」

我記得當時想著，「兩歲狗都嫌」往往被描述成一個過渡階段、父母們一個難熬的短暫

10 一八一九～一八九一，美國小說家、散文家和詩人，最著名的作品是《白鯨記》。

時期，等到小傢伙們牙齒長齊就過了。對許多抱持樂觀的父母們來說，這是自律性的誕生，是個體開始決定自己生活的時刻（而不是讓其他力量來替他們做決定）。這種自律性需要培養，孩子們最終才能變成負責任的大人、秩序良好的社會中表現良好的成員。但與《瞧！這個人》及我家小尼采共度的那一天，讓我害怕這全都只是一廂情願的想法。

自由讓我們得以像個負責任的行為者那般行動，但也容許我們別有打算。正是這個我們要在孩子們身上培養的東西——自由意志——會讓我們失去我們愛得如此深切且痛苦的小傢伙。想到接下來可能的演變，不光是令人害怕而已。基於諸多眾所周知的理由，養育一個學步小孩並不容易。但究其根源，至少就我這位家長而言，其痛苦鮮少與我女兒對我特定願望的反抗方式有關，甚至鮮少與她此種行為對我餘生可能的影響有關。一切都是因為與一個小生物難分難解地綁在一起所衍生的恐懼，這個小生物可以存心故意、興高采烈地，無視其自身顯而易見的最佳利益。

蓓卡依然一邊咬緊牙關、一邊笑著，而當我想起賀德林的面罩與我自己父親為人父的手段，我知道，強行擺布身體，可能會留下一輩子的陰影。我不會那麼做，至少今天不會。她溜走了，溜進臥房裡。她贏了：她的牙齒可以完全隨她高興地爛掉。

恩培多克勒或尼采是如何培養出存在主義式的反抗心或勇氣，引領他們兩人上了山？大概是這麼開始的吧——某次非常單純地拒絕依其顯而易見的自身利益採取行動。在這種拒絕行動當中，存在著對生命表示肯定的興高采烈——就連最循規蹈矩的人，都會在各種不同時刻感受到的無聲誘惑。這是別有打算的自由，是不計代價而為的自由。我把浴室的燈關掉，希望——我確定這不會是最後一次希望——我的女兒不會成為哲學家。

第十二章

荒野之狼

這幅畫——我們人類稱之為生命與經驗的那幅——
已經逐漸生成，如今的確完全還在生成的過程中，
因此不應被視為一種固定的對象……

——尼采，《人性的，太人性的》，一八七八年

我們最後一天的第一個清醒時刻。我拉了拉床上的毯子，最後一次緊貼卡蘿，便開始了黎明前的潛行。在黑暗中，我翻遍行李箱，想找出我以為是尼采《反基督》的那個東西，但只找到另一位在尼采死後數十年，來到森林之屋隱居的人一本薄薄的小說。我想起來，這本書是我想重返此地的理由之一。因此，凌晨四點，破曉前兩小時，當滿月高掛瑪羅亞上空，我朝著旅館角樓的尼諾房間而去。房間上了鎖，但我舒舒服服地安坐在樓梯底的沙發上。

在阿多諾、湯瑪斯．曼和馬庫色的時代，森林之屋還有另一位如今名聞遐邇的訪客經常光顧。他在這家旅館總計住了三百七十天。他的房間是這幢建築內最不起眼的一間，而且依他的習慣，他多半待在僻靜之處。他是個下巴尖尖、鼻子尖尖的瘦削男子。他高瘦的骨架底下，藏著在阿爾卑斯山滑雪多年所培養出來、近乎超人的體能。他微笑時——至少從照片上看起來是——依然嘅著嘴唇，根本呈一直線，和他睜得大大、閃閃發亮的眼睛成鮮明對比。湯瑪斯．曼是他最好的朋友之一，而湯瑪斯．曼嫉妒他：套句湯瑪斯．曼的話，「至於精神自由，他領先我如此之遠。」此人比他外表看起來的模樣要老得多，而且抵抗肉體衰敗的侵襲直到最後一刻。如果森林之屋有哪位客人的個性和尼采接近，那就是這位了。這就是諾貝爾桂冠得主赫曼．赫塞，我那本翻到爛的《荒野之狼》作者。

生於一八七七年，赫塞幾乎一出生就成了問題兒童。他打從一開始就任性、獨立。四歲時，他母親寫信提到她這個兒子：

小傢伙內心自有天地，一種難以置信的力量、一種力量強大的意志……一個真正令人驚訝的心靈。他如何才能把這一切表現出來？這真令我終生難安，這種與他暴君般脾氣、亂流般熱情之間的內心交戰……此等傲氣靈魂必定出自上帝之手，日後將成高貴崇偉者流——但一想到要是他的養成走偏或趨弱，這個熱情澎湃的年輕人會變成什麼樣，我便不寒而慄。

我猜，他是那種很容易令人又愛又恨的小孩。的確，他的父母掙扎了很多年，難以決定是要把他留在家，或是讓專業人士來養育這個小男孩。他的父親經過再三思考，儘管尷尬，但或許最好是「把他送進一所機構或托給外人照顧」。赫塞觀察敏銳——對一切都是——所以他從一開始就認知到父母的矛盾心理。這種認知很快就演變成恐懼和憤怒：感覺隨時會遭父母遺棄。

赫塞在青春期之前就開始頭痛與失眠，並在他十三歲獲准進入茂爾布隆這所素有盛名的的教會學校時顯著惡化。他在這所學校撐了不到一年，最後被交給德國南部的巴德博爾一位牧師照顧。和尼采一樣，赫塞的初戀以災難收場，十五歲那年被二十二歲的尤金妮．寇勒博

（Eugenie Kolb）拒絕後，他帶著一把手槍跑掉了。一天後又出現。他來到深淵邊緣，但終於退了回來。那一年九月（怕你忘了，還是十五歲），沮喪的赫塞渴望他的左輪手槍：「為求一死，我還有什麼不能付出！……我現在已經失去一切：家、父母、愛情、信仰、希望、我自己……」次年，他設法來到斯圖加特，賣掉幾本奠定他廣博學識的哲學書，用這筆錢又買了一把槍，但暫時還沒用上。

十七歲那一年，赫塞開始讀當時很多年輕人在讀的尼采。那是一八九五年，赫塞就住在巴塞爾，尼采便是在這個城鎮開始哲學家生涯。此時，尼采的健康已經嚴重衰退，只能靠他妹妹伊莉莎白和他母親的善心來維生。一八八六年與丈夫佛斯特（Bernhard Förster）移民巴拉圭的伊莉莎白，已於一八九三年回到歐洲。佛斯特是個高調反猶派，帶著以條頓文化純淨願景為基礎建立「新日耳曼」的期望，前往南美洲。此一烏托邦並未實現，佛斯特便自殺了。四年後，他的妻子、尼采的妹妹回到了故鄉瑞士。伊莉莎白必須以其他更加詭祕的方式，推動他們的政治與意識形態目標。

一八九五這一年，在尼采的作家生涯是重要的一年。他已經達到他中年以來未曾體驗過的知名度，而真正的學者如赫塞等人，正開始探索他作品中的微言大義。尼采在一八八八年、在他崩潰之前，已經寫完《反基督》的大半，但由於其基進性質，拖延了七年才出版。

當此書終於在一八九五年問世，就成了尼采整個哲學的精髓所在。這個書名往往被溯源至聖經學中的反基督，卻不怎麼在談這個聖經學角色，而是在講「無法無天之人」（man of lawlessness）不受控制地拒斥傳統神學及對神的信仰。無法無天，暴露出宗教權威最終的壞蝕，也發出現代文明的末世訊號。根據《聖經》經文，反基督是因耶穌二度降臨而遭到終極毀滅，但尼采對故事中的這個部分不怎麼買帳。《反基督》是尼采對於基督教奴隸道德最針鋒相對的抨擊，是一位思想家最後一次試圖超越現代性的典型特質——其脆弱、其可憐、其復仇之渴望。當十九世紀落幕，越來越多的個人，包括赫塞，對《反基督》一書的願求產生共鳴。

尼采人生的最後十年，近乎完全失能的十年，很諷刺的，正是他的哲學家聲譽鵲起最關鍵的十年。像赫塞這類的讀者開始認真看待他的作品，但這也正是尼采的妹妹開始獨占接管他的文字產權的時間點，是他的作品開始為德國宣傳人員所用、最終將他的「以鎚論哲學」（philosophy with a hammer）收編入第三帝國的時刻。他們的母親過世之後，伊莉莎白把尼采送去威瑪，希望鼓動尼采崇信的風潮，但從未實現。倒是在威瑪建立了尼采檔案館（Nietasche Archive），而且就在這兒，一九三四年，希特勒留下那張與尼采半身像鼻子碰鼻子的照片。這一切都不是尼采自己的作為，當然也不是他想要的，但就這樣發生了。從沒有人能為他們的遺緒負起全責。

尼采有許多作品表現出對於未來的遠憂，聲稱唯有且一向要等到「明日之後」（the day after tomorrow），他的哲學才會得到理解。尼采在《反基督》一書中寫道，有些人是在死後才出生。他很可能說對了，因為他是在差不多已經停止寫作之後，才入了世人之眼且招來罵名。不過，死後才被理解的問題在其非常容易被誤解。而伊莉莎白就真的誤解——或更有可能是誤用——她的哥哥。他那些以自我省思之反諷論及不從眾與自由的作品，可能被納粹加以利用，這一直是十九、二十世紀哲學界真實上演的悲劇之一。幸好，有赫塞這些思想家，設法保存了一點賦予尼采後期作品生命的精神。

赫塞不是尼采的門徒。就許多方面而言，他與尼采同行，卻拒絕接受尼采在《查拉圖斯特拉如是說》所擁戴的主人道德一說，只落得日後的分道揚鑣。強力意志似乎是過分簡化且無益，尤其是想到尼采日後坦承衰敗與頹廢的力量無可避免，但赫塞仍然讚賞《查拉圖斯特拉》的藝術性。所以，赫塞並未執著於查拉圖斯特拉充斥過度自誇的演講、長篇說教的文字內容，而是專注於這個角色本身的複雜性，以及查拉圖斯特拉，還有尼采，如何呈現多面向天性的內心掙扎。赫塞質問，具有這樣的持續緊張關係，有沒有可能正是身而為人的宿命？

對赫塞來說，這種斷裂並非瘋狂之徵，反倒是單純活著的一種徵象。他指點讀者回歸尼采，而尼采感興趣的，用尼采自己的話來說，並非容留單一的不朽靈魂，而是各式各樣終有一朽的靈魂。《瞧！這個人》之所難以理解，眾多理由之一，因為尼采就是，同時又不是，如此極多之物事。而不管是赫塞或尼采，也從未釐清這些靈魂是否能夠長久一致地正常生活著。從一九一九年的小說《徬徨少年時》（*Demian*）開始，隨著他開始觸及此一分裂自我的命運，赫塞對尼采的興趣一部比一部高，一如他的作品水準。

三十歲那年，當我走出第一段婚姻，曾經讀過《徬徨少年時》。赫塞結過三次婚，而《徬徨少年時》是一個成長的故事，所以，我以為這本書可以提供一點真知灼見。當時，我已經和卡蘿墜入愛河（這早在離婚前就開始），正開始苦思一道我所面對的難題，而此一難題能以兩種語境表為：人們對生命如此無言而不滿之際，又如何能以正確方式去愛？或是，當人們為自身所困，又如何能愛人？也是在此時，我正在讀許多對超越與愛之可能性感興趣的美國哲學家——愛默生、詹姆士和羅伊斯。《徬徨少年時》切入得滿好的。

赫塞的《徬徨少年時》是關於一個男人辛克萊（Emil Sinclair）的故事，他需要從日常生活的了無生趣與假象之中被救贖。他拚命地尋找一點什麼，一點超越純粹表象的什麼。辛克萊在德米安（Max Demian）及其母親艾娃夫人（Frau Eva）身上，找到他的精神導師。德米安一開始只是一個非常聰明的童年好友。在這兩人的堅信課上，德米安靠過去告訴辛克萊：「你一直都曉得，你這個被認可的世界只是半個世界，你努力照著教士和老師教的方法壓抑另一半。你不會成功的。沒有人在這件事上成功，一旦他開始思考的話。」儘管被禁止、被掩埋，這種對於超越物事的渴求，一直都是辛克萊生活中沉默的動機。隨著該書情節的進行，讀者開始了解，德米安不只是一個聰明的朋友，更是辛克萊自身隱而不顯的一面，是辛克萊一旦具備正確的自我認知，隨時都能取得的精神能量泉源。在該書的末尾，戰場上負傷的辛克萊，在德米安的協助下，發現自己有能力拯救自己，讓讀者自己去想像他真的拯救了自己。

如果這聽起來老套或簡化，確實也是。但當我正要進入一段新關係之際，這是個完美的故事：德米安的自我探索，以及現實與理想的最終合一，正是二度婚姻應當要全心投入的。在離婚的殘骸餘燼之中，一個失足墜落、運途不順的傢伙，想方設法達到一點理想的境界。

《徬徨少年時》是一則內在力量的寓言，是自我認知得勝的故事，但在現實中，這樣的勝利是暫時的，或是得不償失的。這就是為什麼十年後，在赫塞第一段婚姻失敗後，他寫了《荒野之狼》，這本書被稱為尼采的心理學傳記，也是赫塞的小說體自傳。最明顯、最直接地講，這是亦人亦獸哈利・哈勒（Harry Haller）的寓言故事，而當我第二段婚姻邁入第六年之際，我覺得這個故事越來越有道理。

《荒野之狼》近來成了我的最愛，但在那天剛開始的幾個小時，我在森林之屋讀這本書，讀得不怎麼順。我非常緩慢地移動，處於黑暗與日光之間半意識的狀態下，同一個段落重複讀了又讀。我似乎沒辦法讀完開頭那幾頁：一個布爾喬亞敘述者告訴我，他發現房客所寫的一份手稿，那是一位署名哈利・哈勒、沉默寡言的紳士所寫。

然而，哈勒只是看似沉默寡言。哈勒相信——他知道——在他的規行矩步與日常生活沉默寡言的門面底下，是一頭野獸，一頭來自高原的狼，一頭真正的長毛嚎獸。此一驚世駭俗的真相，是他清醒時分的陰影，是一種在正午時收縮、卻在白日溜走時長成極大且經久不消的毀滅性存在。敘述者說，如果他認為哈勒這種性格是僅此一例，而且可能會被當成「對單一孤立個案之病態脾性的病理學狂熱」，就不會費力去說出這個故事。但哈勒並非僅此一例。「我在其中所見不止於此，」敘述者繼續說道，「我視之為時代的紀錄。」這種病「絕非只攻擊弱者與無價值者……」

我又開始神智迷糊，於是起身去大堂弄一杯咖啡，好讓我能讀得更專心一點。但半路上我發覺，太陽現在完全升起，我的家人也都起床，來到用餐室入口等我。我們打算吃一點優格和穀麥片，和蓓卡在旅館外頭的遊戲場上玩，接著把她放在臨時的托兒所，和一群她在住宿期間認識的德國朋友在一起。然後，卡蘿和我要來一場最終回健行，前往或許是尼采最愛出沒的菲克斯山谷。

當我們來到前往山谷的步道入口，我得到一個幾星期來一直在逃避的結論：這趟旅行已成一場空。尋覓人上人已成了全家大事——滿滿的溫柔時刻、例行事務和陪小孩玩。想要自由、想要重尋年輕時曾走過的路，這樣的企圖已經被我的家庭責任給打消了，這趟旅程也慢慢變形成緬懷尼采以表崇敬的假期，和尼采扯不上任何一點關係。我已經證明，我無法或不願阻止旅程逐步衰退為平凡的生活。哈勒有類似的想法，但他和我們多數人不一樣，他任憑這些想法自由馳騁：「對於強烈情緒與感覺的狂野渴求在我心中沸騰，」他寫道，「是對於缺乏抑揚頓挫、沒有高低起伏、正常且貧瘠之生活的憤怒。我有一種瘋狂的衝動想要去砸碎什麼，或許是一間倉庫，或是一座教堂，或是我自己，去犯下暴虐之罪。」

我帶著這些瘋狂的衝動，和卡蘿一起進入菲克斯山谷，以一種我知道無法維持下去的步伐行走，至少她無法維持。我們一起走可以走得多快？這正是我想回答的問題。我始終沒有找到答案，或是我所發現的答案非我所期：二十分鐘後，登上一座小山丘之頂，我在一塊鬆動的岩石上滑了一跤，扭到我來錫爾斯瑪利亞的第一星期就已經扭傷的膝蓋。卡蘿放慢速度，讓我能跟上。我在她後面小心翼翼地走，生自己的氣。哈勒是個受過教育的人，但「他沒學會這件事：在自己內心和自己生活中尋找滿足。之所以如此，顯然是因為在內心深處，他一直都知道（或認為他知道）自己其實不是人，而是一頭荒野之狼。」

低海拔步道上的健行客比平常多。彷彿周邊村落所有人一致投票通過，要來羞辱我的人生。這麼一大早，冰河河谷入口的小屋通常是關著門、安靜無聲，我原本也是這麼期望，但有好幾個健行客已經坐在裡頭吃蘋果卷。我們經過簡易餐廳時，一對德國夫妻對著正在找路入山的我們點點頭，而我想我聽到風中飄來令我不寒而慄的聲音：「Schafe、Schafe、Schafe。」我確定他們是在取笑我：「綿羊、綿羊、綿羊。」我牽著卡蘿的手，盡我所能享受我的最後一日。

在我看來，阿爾卑斯山區最壯麗的山並非白雪覆頂的那幾座，而是那些小山丘——滿眼翠綠，有瀑布和步道稍加點綴。但在阿爾卑斯山區，小山丘並非緩斜坡，而是一道道土牆，完全遮蔽它們為之前導的真正大山。這些小山丘拔地而起，直升天際。我們正沿著其中一塊單調厚板平行步進，而既然我的行進有點慢了下來，正好把握機會看上一看。這條山脊老遠就看到了，橫跨在一片完全平坦的冰原上。我得仰起脖子才能看見脊頂，而這座長滿青草的「小山丘」占滿了我整個視野。唯一能提示我們這座山脊其實還很遠的，只有在山腳一帶嗡嗚的黃褐色蟲子，那些只可能是乳牛的蟲子。喪失所有比例感，是在山裡健行久了，不可避免的後果之一。

卡蘿在步道上停下來，把我拉到她身邊。「謝謝你帶我們來這兒，」她輕聲說道。我把臉挨在她的鬢髮上，從她的肩上縱觀山谷。一片浮雲蔽日而過，當山脊落入暗影，其上、下緣顫動起來，發出幾乎可以聽見的音調，那種令人咬牙切齒的聲音。虛無襯托之下的自由。這星期我經常無聊咬著下唇，這下終於把它給咬破了。

然後我看見了，一開始只是幾隻，呈一路縱隊跑過連綿脊頂。山羊——我在年輕時夢想過、但從未尋獲的山羚。

在《超越善與惡》一書中，尼采堅稱：「在此地，在這最遙遠的冰與岩之域——在此地，人必須是獵人，且如山羚一般。」我指著牠們給卡蘿看，總算揚眉吐氣。我想，我們離得太遠，看不見雄山羚短而彎的角。在交配季節，牠們會用這些角來競逐雌山羚之愛，有時會很粗暴。在非人世界，打鬥的衝動是常則，而非例外。我從未親眼看過山羚，更別說是五隻排成一列在衝刺。牠們是了不起的攀爬者，而且就我記憶所及，是群居但又獨立的生物，每年有大部分時間偏好待在同性的小群體中。我告訴卡蘿關於牠們的一切，懷著只有中年男性哲學家才有可能鼓起的自信傲氣。這五隻動物通過我們上方。接著又是五隻。然後又五隻。

「那不是山羊！」卡蘿脫口而出。牠們是綿羊：Schafe、Schafe、Schafe。幾十隻的綿羊。她的笑聲響遍山丘間。這個嘛，或許待會兒我可以承認，是有點幽默：我們正與尼采、這個溫良與馴服的大敵一起健行，但同時又被羊群給超車。這些動物正順暢無阻地橫越高地，卡蘿和我繼續走著，跟著我們毛茸茸的同伴向冰河而去。沒多久，另一列動物越過我們，現在我看見了，羊群在我們上方的峭壁上到處都是——至少有一百隻。牠們一開始看似岩石，其實正以快慢不一的速度在移動，這個距離使得速度較慢的動物看似靜止。我們全都一齊移動，朝著相同的方向。

卡蘿和我盡我們所能地快速穿越低地，偶爾往上瞄一眼，看看是不是落後新同伴太遠。這些動物一起要去某個地方，我們也是。我確定我們會在八千英尺處撞上冰，兩邊的旅程都會草草結束。但眼下我們是慢慢地互相接近，我因而有時間思考哈勒及其半馴化的天性。

其實，在《荒野之狼》的許多篇幅中，他的分歧自我給他的存在帶來困擾，也帶來喜悅。哈勒曾經是公共知識分子，甚至是還算成功的知識分子，但後來失去了工作和家庭，開始擁抱一種孤獨、狼性的存在。他坦承：「我那孤單、無愛、被獵殺且徹底失序的存在，與這種中產階級的家庭生活，我喜歡兩者之間的對比……這種生活有某種東西觸動了我，儘管我痛恨它所代表的一切。」哈勒被此一分裂真實給拉了過去──就像一個人被綁在馬上、前往絞刑架那般給拉了過去。哈勒一如許多人那般，迎來了中年，悔恨如日初升。「我不後悔過去，」哈勒解釋，「我後悔的是現在，為了我在純然被動中失去、什麼也沒帶給我、連個頓悟也沒有的無數時日。」

哈勒灰心喪志是真的，但他整體而言活得愉快、甚至深受眷顧的存在也是事實。這種生活主要是心靈的、哲學與上流文化的。他的生活「一直是在通往放棄與虛無的不幸迷宮中遊蕩；人間種種物事的興味中全都帶著苦澀；但其中富藏著豐饒，足以自豪的豐饒。儘管有其種種的悲慘，這是高貴如君王的生活。」這一點，一直都困擾著我對於哈勒的想法：說了那麼多，高貴如君王的生活怎麼還會把人帶向放棄與苦澀？隨著我開始享受成年生活，這樣的憂慮只是更加強化。特殊待遇和安逸悠閒，對於緩解存在主義式危機的種種效應，一點用也沒有，反而放大了這樣的感覺：儘管做了最大的努力，整體而言，生活依然未如人意。現代生活多半是以達致物質性成就為目標，但一直要到目標達成後，其空洞的一面才痛苦地顯現出來。

哈勒在夜晚的街道上遊蕩，小心翼翼地避開回家的路——那兒絕對沒有什麼在等他。有一天晚上，他在鎮上四處徘徊，路邊一個男人扛著一塊招牌，上面寫著：

反基督夜間娛樂

魔幻劇場

非人人可入

尼采的《反基督》正是以同樣的方式開場：「本書屬於人之中最稀有者。」這正是哈勒一直在找的：一個專屬入口，通往與他正常、意識之生活有別的某處——無法無天的許可證。《荒野之狼》是哈勒緩慢且躊躇的朝聖之旅，朝向魔幻劇場、朝向最後成了他心中隱喻的遊樂之屋，屋內到處都是門和鏡子，以及從他幾乎遺忘之過往而來的人物。在哈勒生活的表層之下有什麼？是什麼隱伏在無言之中？最後證明，那不只是荒野之狼，這不滿之人的獸性陰影。是比那更瘋狂，但也更有希望。

我又滑倒了，這次是在某種油滑的東西上滑倒，而且我的左側重重摔在地上。卡蘿調轉身來，發現他先生趴在一團顏色深到近乎黑的物質上，弄得髒兮兮。我們離冰河有一英里遠，平行冰流而走，冰流翻攪出山，沿著山谷轟然而下，碎成一條水晶藍的湍流。乳牛在附近吃草，來河邊找水。羊群繼續沿著山脊上湧，不是幾百隻，而是幾千隻動物一致移動。我站起身來，嘴裡滿滿的血腥和糞便味。要是我們能爬高一點、遠離所有這些該死的生物就好了。我轉身上山，卡蘿跟在我身後。走太多又吃太少導致的頭昏眼花，幾天前就開始了，但我一直不理，甚至喜歡上了。在這最後時刻，它徹底壓垮了我。每一步都像在油上滑行。我們在河流上方幾百英尺處找到一塊平坦、被陽光曬透的岩石，卡蘿說服我坐下來。

羊群也放慢牠們的步伐。牠們已經來到一處冰河裂縫，在我們上方將近一千英尺的山脊上遇到瓶頸。我們俯瞰山谷，可以看到更多動物上路。從這個距離看，規模越來越大的獸群只是靜止在綠色背景上模糊的一塊斑。羊群的聲音混雜著河流的轟隆聲。我躺在岩石上，頭枕著卡蘿溫暖的大腿上。周遭事物都慢慢暗了下來。尼采在〈見解與箴言雜錄〉（Assorted Opinions and Maxims）＊中寫道：「我們在清醒時分有時既不知曉、也無感受的……我們在夢中有絕對、毫不含糊的理解。」

太陽在頭頂正上方。我感受到的，只有河流的轟隆聲和頭底下的岩石。羊群和卡蘿不見了。我不因她和羊群不在而慌亂，甚至還鬆了一口氣。仔細想想，這樣更好。我可以不靠她和羊群而得到真正的進展。這些想法以一種不受控制、非哲學的方式，自心底深處浮現。我也以類似的方式起身，把褲腰帶捲好，好讓褲腰束緊我如今還算青春的臀部，開始飛向冰河。

頭昏眼花沒了，而我的腳是幾天來、或許是幾年來頭一遭，真的站穩了。午後時分停滯不前，而我展開不可思議的時光。當太陽下山，我登上了幾十英里外的普拉塔峰之巔，這座來自我青春歲月的山。馬不停蹄，我上了柯爾瓦奇，最後在布滿礫石、坑坑疤疤的冰上休息。溫度下降，我的顱內舌根處在抽痛。我的耳朵開始流血，不多——剛好夠以穩定的速率滴落我的肩膀和胸膛。我可以席地而睡，但我知道夜晚會帶來什麼。

＊即《人性的，太人性的》第二卷。

終於，我重返此地：一道剖分柯爾瓦奇的裂縫，縱向延伸、跨越我的路徑。寬度差一點才到六英尺，二百英尺落底，尺寸完全正確。太陽不見了，暮光正要淡去，我前方的虛空是夢幻般的黑暗。裂口長到兩端看似尖細，彎得如赫塞一直線咧嘴微笑那般。它嘴角上揚、呼吸輕柔，還招著手。

我就在這虛空的邊上把背包放下，脫掉我的鞋子和襪子，擺在我的外套旁，就在冰凍的地面上。我脫到一絲不掛，小心摺好襯衫和褲子，塞到背包下，這樣才不會被吹走。最後一次抹掉耳朵上的血，我彎身確認深淵邊緣的地面堅實。我可不想滑一跤。恩培多克勒、尼采、雷、尼諾：我想確保自己的突然墜落，不會被誤認為是一樁意外。

第十三章

成為你自己

他們倆一起默默聽著水聲，對他們而言，那不只是水聲，
而是生命之聲、「存有」之聲、永不止息的「生成」之聲。

——赫塞，《流浪者之歌》，一九二二年

當我醒來，嘴裡有血，一顆尖銳的石子插入我的左耳垂。我的手臂沒有感覺，一股溫熱的液體注入我的鞋內。

卡蘿讓我在她的腿上休息許多分鐘後，腿痲了，在我熟睡時將我的頭輕輕放在她後面的地上。我翻身背對她，左臉頰緊貼花崗岩。她幫我的身體遮住大部分的陽光，但小腿和腳沐浴在溫暖的光線裡。

羊群又出現了——山腰上醞釀著一股白色羊毛風暴。我張開雙眼，仰看卡蘿許久。她終於注意到了，回望著我，把她的腿滑回到我的頭底下。

「牠們來了，親愛的，」她邊說邊指著山谷另一頭。

這群動物的瓶頸終於打破了，牠們一個接著一個，從山上倒灌下來，越過裂縫和渠道，憑著阿爾卑斯野山羊的腿，飛著、飄著。牠們不用自己跑或使力，只要讓重力發揮作用就行。美不勝收，儘管有點荒謬。現在牠們的叫聲完全蓋過了河水的聲音。我開始數著，但數到第四百九十隻就跟不上了。一定有一千隻以上。摔出山崖邊的，一隻也沒有。

卡蘿開玩笑說，如果牠們把我們踩到死，大概可以算死得其所吧——兩名哲學家被獸群嚇到落荒而逃。這整個想法超現實、好笑到不可能是真的。天哪，太好笑了，我笑到哭出來。過了一會兒，卡蘿發現我根本就是真哭，我從沒哭得這麼慘過。她抱住我，隨便我想怎麼哭就怎麼哭。

我擦掉眼淚。十七年間，什麼都沒改變——山谷沒變、小徑沒變、羊群沒變、愛沒變、生沒變、死沒變。永遠不會變吧。或者，會以完全相同的方式改變。愛與衝突仍在。以前我曾來過此地，曾在柯爾瓦奇峰上，曾在白色山脈高處，許多次。一切的一切，生活中一切的張力與震動，依然如故。但我在菲克斯山谷中的午後之夢，已經對我產生某種影響，數日之後依然可以感覺得到。這個夢只給了我一個暗示：生活不會改變，但你導入其中的態度可能會。而且這不是枝微末節的調整。事實上，這或許是有可能做到的調整中唯一有意義的。有那麼一下，我很高興、真的高興、比以往都高興自己還在這兒。就是在這兒，不是其他地方。令人敬畏之深淵、存在之恐怖、不足與困乏之感——這些都不要緊，最糟不過就是我的想像力虛構之物。彷彿我終於想通了——或是經過漫長而令人挫折的探究之後弄明白了，我根本就是問錯問題。就那麼一瞬間，我無所畏懼，既不求高、也不求深。這一刻就這麼過了，疑心重返，而《荒野之狼》依舊在。

當《荒野之狼》大受歡迎，赫塞的評語是：這是他所有作品中最受誤解的一本。這本書並非如許多讀者所假定是關於戰爭中的自我，反而是對於和平的探尋。至於尼采的著作，也有一個類似的誤解。沒錯，尼采的著作是反偶像崇拜，但隨著他著手進行後期的作品，這樣的立場也逐漸變得緩和。《荒野之狼》的結語並未呼應《徬徨少年時》的和解；哈勒的救贖，如果你希望如此稱之的話，是發現於騷亂之中。就某種程度而言，在他潛意識的魔幻劇場裡，哈勒完全沒能過上幸福的生活：他不擇時不擇地飲酒狂歡、服用迷幻藥劑、殺人，還不斷拿自殺來開玩笑。到最後，他拿刀子刺在他唯一愛過的人身上——一個名叫赫米娜（Hermine）的女人（Hermine是Herman的女名，Herman就像是赫塞的名字Hermann），大多數評論家都同意，她只是哈勒本人的一個化身，是他唯一**真正**愛過的人。

現在弄清楚了——或是盡可能弄清楚了——該書大部分情節是一場夢：暴力、不負責任，甚至存在主義式的危機，都是哈勒心靈的產物。這並未使之變不真實，反倒令人對幻覺與清醒時分的區別產生懷疑。哈勒的魔幻劇場之夢如此鮮活、如此動人，致使大多數人所稱之「真實世界」蒙上了陰影。他的懊悔表現在該書結束前的連續夢境中，其真實度和任何事物一樣；哈勒從這整個痛苦考驗中所獲得的教訓也是如此。赫塞在一篇鮮為人知、題為「查拉圖斯特拉的回歸」的文章中寫道：「如果你……陷於痛苦，如果你的身體或靈魂生了病，如果你害怕危險且預感會有危險——只要能讓你自己開心，何不……試著以不同的方式來看待問題呢？何不問問，你的痛苦根源有沒有可能是在你自己心裡？……對你們每一個人來說，檢查看看是什麼東西令你生病，並試著確定其源頭，有沒有可能是一種令人愉快的練習？」或許，永劫回歸最艱難之處，在於坦承我們給自己製造的折磨、我們給他人製造的折磨。坦承：是為了回憶、為了懊悔、為了負責，最終是為了寬恕與愛。「使我成為查拉圖斯特拉的，」赫塞極力主張，「在於我已知曉查拉圖斯特拉的命運，在於我已活過他的一生。少有人知曉自己的命運，少有人活過自己的一生。學著活過你的人生吧。」

有些人生教訓得來不易。殺了赫米娜之後，哈勒遭到魔幻劇場的人誘捕，他滿心期待他們因其罪行而施以極刑。確實，在不常有的、專心致志的時刻，他渴切地以為這似乎是終極的懲罰。但他的法官們有不一樣的想法：哈勒並未獲判死刑，而是活刑。「你將活著，」他們命令哈勒，「並學著笑。」這似乎很簡單，但考量到哈勒內心的瘋狂狀態，這是一項無盡艱難的任務，更甚於自殺。可他的結論是，這是許多人類最終所面對的刑罰。「引悲致死的事」做得夠多了，法官下令：「該是你回復理性的時候了。」哈勒咬牙切齒，而且理由充分——他的成年生涯都耗在引悲致死的事情上，而且一直在逃避單純的生活感受。但在抗議一下下之後，他不只接受而且真心擁抱生命的災難。這就是尼采所謂的amor fati，熱愛命運。在《荒野之狼》的最終幕，哈勒反省自己「覺得空洞、筋疲力竭、準備睡上一整年」，但他已經瞥見「生命遊戲」的些許意義：「我將再次淺嘗其中折磨，並再次因其毫無意義而悚然。我將再穿越內在存有的煉獄，不只一次，而是常常。終有一天，我將更擅長此一遊戲。終有一天，我將學會怎麼笑。」

笑聲：這是amor fati的關鍵。生命遊戲的折磨——即使是一個大致上看似沒有痛苦的遊戲——將會持續下去。抗拒或否認這些緊張與衝突，只會使其力量更強大。生命的重點不在「掌控」，而是要鬆手到適足以有短暫的輕鬆之感。「我們有些人以為，堅持使我們強大，」赫塞評論，「但有時得要放手。」發自真心的笑聲來得慢，但依然是追求的目標。

尼采解釋：「當我們夢到那些遺忘或死去已久的人，這個徵象意味著我們經歷過一場徹底的轉變，而且我們生活所憑藉之基礎已被完全掘開：於是死者復起，而我們的古代成了現代。」我起身協助卡蘿站穩，我們互相引導，離開山區，進入高原谷地。我們再次跟著羊群腳步行進，但這次我心無罣礙。尼采對這些動物如此蔑視；大師與掠食者喜愛羊群，只因羊肉美味可口。然而，這些野獸的移動方式有某種未受馴服之處，是某種根深柢固的攀爬與奔跑天性之殘留。在某種隱而不顯的層面上，牠們依然狂野，而我不再想要否認這一點。將谷地一分為二、將我們與這些動物分隔開來的河流，漸漸變寬、變淺，我們在找一個可以渡河的點。我原本可以用跳的，但我這一天已經跳得很夠了，所以我們只用走的，一起穿過打著漩渦、深及腳踝的水流，去找我們的健行同伴。等我們到了獸群那兒，我雙腳麻木無感，而且終於乾淨了。

一小群人聚集在冰原開口處歡迎我們回來，我們無意間走進了恩加丁的年度儀式。羊群在菲克斯山谷的一條山脊上吃草，一直吃到八月中，然後聚集起來往另一邊趕，直到九月下旬冬季開始。在秋季的尾聲，牠們假期結束，上路返回原居地的農場。此一循環每年都一樣。九百六十一人：這是總數，包括我們兩個。我們在人群邊上停下腳步，他們正在給羊群拍照和拍手——我沒跟你開玩笑。這些半馴化的動物在山裡又活過一輪，所以有理由為之鼓掌。我當然知道自己只是在設身處地想像，但這些動物似乎真的開心，蹦蹦跳跳通過最後十幾英尺，進了一處圍欄，牠們的蹄會在那兒受檢，生病的要接受一點護理。

搞笑——這個字眼就是用在牠們身上，指玩鬧到了無法無天的地步。牠們的毛已經用噴漆做上記號，其中有幾隻共用同一種顏色，但每一隻都自成一格，出人意外地卓然獨立。有一頭母羊在咬一名手握自拍棒的觀眾，有兩隻羔羊以一種怎麼看都不像是故意的方式互撞。羊群邊緣有一頭半大不小的羊站在圍欄角落沉思，吸引了群眾的目光。另一頭羊把蹄放在圍籬的欄杆上，要大家注意她。然後是棕色、亂毛、瘦巴巴、去年剪毛時逃掉的，他的毛長而且糾纏，看起來就像是公羊和牧羊犬的雜交種。他的眼睛被蓋在長過頭的毛底下，看不到了，但他跑來跑去似乎好得很。或許他今年會再逃過剪毛，或許不會。

我以前從未看過真正的牧羊人。小時候，我以為牧羊人是走在羊群的前頭，就像從米勒

（Jean-François Millet）[1]的《牧羊人歸來》（*The Shepherd Returns*）裡頭走出了魔笛手。在這種情況下，這傢伙要做的就是站出來，羊群便溫馴地排隊跟著他走。年輕時讀過尼采之後，我對於牧羊人的觀點有所改變；他就是梵谷的《牧羊女和羊群》（*Shepherd with a Flock of Sheep*）裡走出來的人物：一個在蠢笨獸群頭上揮舞棍棒的男人。牧羊人是虐待狂。真相是，這兒的牧羊人完全不一樣。他們不會走在羊群前頭（這些羊不會無腦地跟隨），但他們也不會打這些動物。

牧羊人老大是個一臉精靈樣的男子，甚至還戴上他傳統的尖頂無邊帽，身高到我肩膀，不會超過五十五公斤重。他一身肌肉發達、飽經風霜——和赫塞有幾分相像——他的小小桶狀胸直接套在以一雙雕像般小腿收尾的苗條身材上。這是華茲華斯般的小腿，有著偉大步行者的肌肉。我可以保證，他的肺更加令人印象深刻。肺長在腿上：這就是他。

他已經協助幾隻任性的動物過河，像擺渡人之類，而此刻他在羊群中跨步邁進，一邊走一邊檢查蹄和耳朵。偶爾他會發現一隻需要協助的動物，便兩腳跨過牠、俯身貼著動物的背，兩手滿抓羊毛，只一拉，就把這頭野獸翻了過來。治療完成之後，他會鬆開控制，羊會毫無抱怨地繼續走牠的。這是辛苦活兒，但牧羊人從頭到尾笑咪咪：開心、張大眼睛、抿著嘴傻笑。上午結束時，他步出了圍欄，開了罐啤酒，吃掉大大一塊起司。這個男人毫無特出之處，除了他的小腿，和他那張根本就是在發光的臉。在前一小時的某一刻，卡蘿和我要找蘋果卷，結果找到我們自己帶的兩罐啤酒。我不了解這位通達的牧羊人，但我到現在都還對他深感興趣。他帶著他的起司走下河邊，脫掉靴子，一腳踩進湍急的水流中。

我年輕時曾在這處鄉間徒步旅行很多天，一定也曾渡過這條河，但不是同一個地點。河水急掠而下谷地，然後消失不見。我回頭看著牧場，看到三頭羊繞著圈圈彼此追逐，有點像兔子，向著彼此彈射，然後蹦蹦跳跳走開。我回想起三兔共耳的象徵，而就那麼一下下，我感受到安慰、幾乎是令人安心的永劫回歸之感。最早的三兔共耳實例要追溯到十五世紀，發現於莫高窟，也稱為千佛洞，是中國北方戈壁沙漠邊緣眾多丘陵中的一個佛寺群。此地的三兔共耳有很多涵義：復原、豐饒、行動安靜、無止境的回歸。但這個佛教象形符號也有一個單一的意義，簡單又令人困惑：是表達be這個動詞的一種方式，也就是存在本身[2]。又或許這全弄錯了——這樣還是太嚴肅又太複雜——「三兔共耳」只是一個人看著動物繞圈圈跑時

1 一八一四～一八七五，法國巴比松派畫家。以寫實手法描繪農村生活而聞名，是法國最偉大的田園畫家。最為人所知的作品有《拾穗》、《晚禱》、《牧羊女與羊群》等。

2 be在哲學上有「存有」之意。

浮現的笑聲。

尼采生命最後的幾年，他在信件上署名「戴奧尼索斯」，但在杜林心理崩潰那一天寫給珂希瑪．華格納的一封信中，他寫著「我是佛陀」。在他生命中的某個時刻，或許真的曾是如此——尼采或曾經歷過某種啟蒙。他後來的著作可能是一再重複地、往往是狂熱地試圖表達這一點。然而，赫塞的解釋是：「文字並未將思想表達得很清楚。文字一經表述，總是馬上就變得有些差異。有點扭曲，有點愚蠢。」文字將變動中所經驗到的某物事加以具體化，試圖捕捉那永難駕馭者。

赫塞是尼采派，但也是神祕主義者，這種取向讓他得到我們大多數人都失之交臂的洞見。事實上，我懷疑尼采一生中多次錯過這樣的洞見。「或許你追尋太多，」赫塞指出，「以致你追尋的結果，就是你無法尋見。」我這一生曾經都是——而且大致上依然是——關乎追尋與衝突。我不是佛陀，但甚至連我這樣的男人，偶爾依然有可能在別人身上瞥見他。我看著牧羊人沿河而上，在水邊肩負起他的擺渡人之責。他正在等待誰？他閉上雙眼，把頭往上仰面向太陽，慢慢嚼著他最後一口起司。他平靜地、慈藹地微笑。我試著這麼做，閉上雙眼，卻只看見更多的文字。好的文字，但依然是文字：「人永遠到不了家，但每當友善之路交會，一時之間，整個世界看起來就像是家。[3]」卡蘿把她的叉子伸了過來，戳進最後一塊蘋果卷，溫柔地放進我的嘴裡。

「我想念蓓卡，」我這麼說。卡蘿點點頭，輕輕地親了我一下。我們從剛才吃點心的桌旁起身，把羊群和悉達多（Siddhartha）[4]留在身後。

在他崩潰的幾天前，尼采寫道：「我經常問我自己，我生命中最艱困那幾年帶給我的責求，是不是並未比其他時候更沉重？」到最後，他似乎認為，正是那些年給了他機會，去探索他所以為的生命之驅策律令。這個律令簡單到像在騙人：「成為你自己。」

這是尼采在《查拉圖斯特拉如是說》一書中對讀者下的命令，也在《瞧！這個人》一書中充當動機力量。尋找我們自己，這是什麼意思？在我生命中，大多數時候我都認為，我真正的自我是某種「就在那兒」的東西、某種超乎日常的東西、某種高高在阿爾卑斯某座山上

3 語出《徬徨少年時》。
4 佛陀釋迦牟尼的本名，也是赫塞《流浪者之歌》原文書名。

的東西。我比較喜歡把自我想成是存在於他處某地，在一個未受攪亂的超越領域中。我一直都在祕密尋找這東西，埋怨任何有可能擋住我去路的人。

在某種程度上，我離婚、又和卡蘿結婚，大概是因為我以為這會讓我得以找到真正的自我，也就是構成我人格基礎的永恆、長存之本質。我清楚記得和我前妻之間的一場爭論，這場爭論是以我在甩門之前吼出三個字收場：「別管我！」我現在知道我真正的意思是「別擋我的路」，讓我去發現我不變的本質。不幸的是，沒有不變的本質這種東西，至少在我的世界裡沒有。於是我就這樣離開了，但我從未找到我一直在找的東西，即使有卡蘿和蓓卡一起也沒找到。我找到了別的。

事實證明，「成為你自己」不是要找到你一直在尋找的那個「誰」，不是要把「你」和其他一切物事分隔開來，不是要你存在得像你真正的始終「如是」那般。自我並非被動等待我們去發現。自我是在主動、持續進行的過程中造成，德文用的動詞是werden，「成為」（become）。身而為人，長存不滅的本性就是要轉成他物，這一點不應被混淆為前往他處。此一本性最後可能會令尋求自我的人感到大為不滿。人到底是**什麼**，其本質就在於這種主動的轉變，不多也不少。這並不是大智慧之追求，或是英雄之旅，也不要求人們逃往群山。沒有哪座山夠高。僅僅一片起司、隨便一條流動快速的河，就已足夠。

「成為你自己」，已被傳頌為「尼采令人難忘的格言中最難以忘懷的一則」。這句話表現出人類自我的核心中始終存在的弔詭：或者你就是你已經是的那個人，又或者你成為你自己之外的某人。第一種情況，成為自己，似乎是多此一舉，或是不可能。第二種，成為自己，似乎是要把自我認同之中最後的任何一點殘跡都洗掉。像我這樣的人，習於不絕如縷、緊湊延伸的直線思考方式，這種弔詭徹底把我給惹火了。這種挫折感或許在所難免，但我認為，尼采和赫塞是在鼓勵我們要跳脫規行矩步、勇於冒險：畢竟，werden的原義是「彎折、蜿蜒、轉成」。我們從這個字又衍生出對抗（versus）、裁決（verdict）和漩渦（vortex）。在成為自己的過程中，人們回身融入過往的某事某物，並把這些過往都收攏起來，帶著上路向前進。這是在高壓下壓縮而成的系譜。所謂現在，如其真貌，只是置於過去與未來交會之所在的占位符（placeholder），是「成為」發生之際的瞬逝一刻。

當健行者俯身入山，有那麼一剎那，他們既不往上、也不往下，而是處於分界之上。在這軸點上，一切都發生得如此之快，要想加以捕捉是全無可能。在自我超克的過程中，人們還沒弄清楚狀況之前，時間就過去了。但有些東西，儘管人們沒察覺，事實上的確在發生。生命不斷重返，人類的存在並非按照地獄到煉獄到救贖這樣的順序進行——就算是這樣進行，也是一再重複地進行，其繞行軌道也是又緊又短，以致你從不曾完全抵達。

在《作為教育家的叔本華》（*Schopenhauer as Educator*）一書中，尼采指出自我超克之不可掌握：「你**並非**真的是你此刻所為、所思、所欲的那一切。」在《瞧！這個人》一書中，更戲劇性地又說了一次：「要成為自己，必然是對於自己到底是什麼，連一丁點概念也沒有。」這一點我從來都沒有完全弄懂過，但我最接近弄懂的時刻都是怪異、不可思議且引發混亂：和卡蘿及菲克斯山谷的羊群一起健行，或是看著我們的女兒在野花山丘上跳舞，或是在我十九歲時第一次迷失，然後在我三十六歲時再次迷失。尼采的重點或許是：自我發現的過程需要先解除你以為你已經擁有的自我認知。成為，是一個迷失自我又發現自我的持續過程。

我們快到旅館時，聽到孩子們穿透樹林的笑聲。他們正在森林之屋下方的空地上玩捉迷藏。蓓卡看到我們從遊戲場的另外一頭過來，便對她的新朋友道了再見，衝了過來。我彎下身，在半空中一把抓住她，舉高放在我的髖部上。「爸拔，」她深吸了一口氣說道，「你臭臭。」

我們倆都咯咯笑了起來，然後我抱著她回房間。路上，她的臉貼著我的臉，她的手摩娑我的腦後，無意識地玩著我的左耳垂。還是會痛。我握著卡蘿的手，森林之屋出現在眼前。「我想要走走，」蓓卡小聲說著。我把她放到地上，我們看著她衝上山丘，幾乎快看不見了。我們追著她跑了一分鐘——只是想運動一下——然後就隨她去了。她會在山頂等我們。她現在有辦法自己找路回房間了。

當卡蘿和我來到美景房，門是開著，一點聲音也沒有。蓓卡還在玩捉迷藏。我們進房大聲表示納悶：「蓓卡會在哪兒呢？」還是安靜無聲。我們離開時鎖上的陽台門敞開著。三樓高的美景房，樂趣應該就在它的高度吧。

我打開陽台門，她沒在躲。她坐在那兒，著迷似地坐在打磨過的水泥地板上，望著西邊，夕陽越過錫爾斯湖、越過瑪羅亞山口，落入義大利。這是一切所趨之地，一切從而湧出之地。

「爸拔，我們可以去那兒嗎？」蓓卡指著沿湖而行、曲折沒入漸暗日光裡的道路。「也許下一次吧，親愛的。」

那是往杜林之路。

尾聲

曙光乍現

重複，這是以兩種方式連續表現一項事物的好辦法，因而給了它一隻右腳和一隻左腳。真理的確可以單腳獨立，但有了兩隻腳，她將會邁步行走，完成她的旅程。

——尼采，《漫遊者及其陰影》（*The Wanderer and His Shadow*），一八八〇年

時間是我們從森林之屋回來五個月後，我們適應正常生活近乎無縫接軌。新的幼兒園很開心地申請到了，教學大綱盡責地寫好了，研討會精心安排好了，浴室一絲不苟地清潔完畢，食品買來吃完了，一隻貓抱來養了。這一切原本可以完全被動地加以體驗——而我可以保證有些部分確實是這樣——但我們在菲克斯山谷的最後一天，給這幾個星期以來的生活帶來光明，也帶來闇影。在諸事順利的日子，依然如此。我試著回想那牧羊擺渡人，試著在兩餐之間吃起司，也試著盡我所能地「成為」，而非著魔般地追尋與控制。

然而，現代生活不盡能容人成為自己；這種生活的設計就是要以尼采所指出的種種方式引人分心、令人喪氣。我們回來後的那個秋天，我又再開始感覺到荒野之狼在夜間潛行。平淡中見神聖——這或許就是生活的目的，但我一直錯過重點。我回頭倚賴我的粉紅小藥丸，但這些藥丸不像先前那麼有效，我依然有夢，多半是夢到巴塞爾那些繁忙的無名街道。夢裡我通常是坐在全球銀行之首的國際清算銀行前階梯上，抱著一盒玻璃珠，看著人們浪費掉最有價值的東西。而我也在其中，隨波逐流，試圖從虛無之中製造出點什麼來。「你必須找到你的夢，」赫塞教導我們，「但沒有任何夢能永遠做下去，每一個夢後面都接著另一個夢，而人不應該攀著任何特定的夢不放。」通常我都會醒來，依偎在卡蘿懷裡，讓自己相信這個夢也會過去，或是在很難過的夜晚，下樓去廚房喝一罐啤酒。我期待另一趟瑞士之旅，希望能讓巴塞爾自己來補贖。

曙光乍現（Morganstreich），是在夜的死寂中到來。上午四點，在一個嚴寒的三月清晨，在尼采的知性誕生地最古老的街區，一個無名人物點亮了一盞燈。黑暗的門廊出現了另一盞火光，接著又一盞：數以千計的小火焰，閃爍在通常亮著百萬顆冷冽、反美學燈泡螢光的城市各處牆上。接著，在火光中開始擊鼓——肉慾、震地——就連最入夢的夢遊者也喚醒了。這是將近一千年來，巴塞爾每年冬天都會發生的事。

我年輕時就聽說過這種慶典。我第一次讀尼采的信件時，他提到在他任職巴塞爾大學期間，曾經溜出鎮外，以逃避在刺耳的一星期中緊抓住這嚴寒城市不放的噪音。比起抓住，這真的更像是**占有**。尼采避曙光乍現而走時，還是個年輕人。當時，他還在華格納與上流文化的精緻氣候中尋求慰藉。鼓聲的敲擊使他柔軟的心受痛。我一直都認為，他或許可以對這個節慶有多一點的體驗，要是他在後來的人生中加入節慶行列的話，就在遠離文化的虛矯、更加充分擁抱他以戴奧尼索斯自居的身分認同之後，一如他在《瞧！這個人》一書中自承：「我是哲學家戴奧尼索斯的學徒；我寧可是個羊男，而不是聖人。」

一八八八年的秋天，尼采以戴奧尼索斯為筆名寫了九首詩，這些詩是他末期作品當中的幾篇。很少有人讀過這些「酒神頌歌」，而認為這些頌歌在哲學上有重大意義的人甚至更少。在黑暗全面接管尼采最後十年的人生之前，這些頌歌凝鑄成最後一道迸射之光。這些頌歌切合曙光乍現的精神：

這腹心白灰之焰
向著遠處冷洌閃爍貪婪之舌，
朝著愈益純粹之高而折其頸項——
一條焦躁不耐之蛇昂首：
我置此信號於面前。
吾之靈魂即如此焰，
貪求嶄新之遼遠而無饜
燿燃而直上，直上以沉默之情烈。

這首詩名為〈火光信號〉（Das Feuerzeichen），就是在第一道日光來臨前，拿著在巴塞爾沿街走的烽火炬之類。在別無聊趣的一年當中短暫的期間，這座城市被火與蛇給吞噬了。當他一步步接近死亡，這些欲力（libido）、權力和大地的象徵，吸引了這位歐洲的戴奧尼索斯。

尼采早期往往迴避脈搏鼓動、令人迷醉的實質生活——轉而選擇知識高地的稀薄空氣——但至少在知性上，他認知到生活有其創造的可能性。他在《悲劇的誕生》中寫道：「或是透過所有原始人類和種族的讚美詩都提到的麻醉飲料效果，或是藉由使整個大自然充滿熱情、振奮精神的春季甦醒，這些酒神式衝擊尋獲其源頭，且隨其強度日增，主觀的一切因自我辨識完全喪失而蕩然無存。」

年輕的尼采認知到，拒絕公平看待戴奧尼索斯，有其某種悲劇性。然而，有些人——尼采自己往往是其中之一——或是因為「缺乏經驗，或是腦袋僵化」，轉頭不看這令人筋疲力竭的狂歡渾沌，看似為了心理健康，「但當然，這些可憐人一點都不知道，當戴奧尼索斯的蜂群嗡嗡叫著經過他們身旁，他們所謂的『健康』有多麼死屍樣且鬼氣森森。」酒與舞蹈之神所授予的「自我辨識喪失」，有其美麗、其實是神聖之處。尼采知道這一點，但很少有機會耽溺於或許能與他人共同體驗的欣喜若狂。他選擇嚴苛簡樸、與世隔絕及自我約束，直到徹底崩潰。僅僅在崩潰的那一刻，他才開始像一個著了魔的男人般發出怒號。

當慶典開始，巴塞爾大致上就如我所記憶：陰沉乏味、千篇一律。街上幾個叫賣小販開始聚集，販售便宜的假面服飾，但整體看起來只不過是另一個平凡無趣的日子。然而，當黑夜降臨，刻板的日子顯然是可以轉變成別番模樣。有一天晚上，狂歡者把日常假面或文化形象改換成食屍鬼般醜惡的模樣，是顯眼到無法視而不見的那種。日常生活中不被接受的欺詐，令人吃驚地浮上檯面，而匿名行為得到採用且特意施行。質問他人的真正身分，是粗魯無禮的，甚至是禁止的。時近傍晚，城市的膚淺外表慢慢消褪——一切似乎變得更深沉、更黑暗，變得虛幻，但也更誠實。在夜幕真正落下之前，人們各自歡笑、嚎叫，也各自求歡做愛——也就是說，完全隨他們高興。

人們喝下一瓶酒，然後是一壺咖啡，接著又一瓶酒——這是任何酒神式狂亂的預備動作。街道上到處都是面具。擊鼓精靈的隊伍一路朝向一個分裂夜空的聲音前進：有一個排笛的樂音，空靈縹緲，高過鼓點之上。演奏者是一頭帶角的野獸——半人、半羊，帶領著爛醉喧鬧的同夥，走進陷入驚恐的夜色之中。

戴奧尼索斯的養父西勒諾斯也是吹笛者之一。這個永遠無憂無慮的羊男，醉醺醺地在希臘神話的森林中到處嬉戲。他是謎樣的、不可捉摸的。當米達斯想要逼迫他、硬要他吐露生命的意義，這個瘸著腳的小個子反唇相譏：生命的關鍵就在千萬別出生，要是出生了，就盡快死去。生與死都要盡可能地快。我成年後的人生多半都在謹守西勒諾斯的虛無主義式建議，無視於此一生物身上最明顯之處，也就是他代表著豐饒與重生。盡你所能地快死——這樣你就能一次又一次得生，就像乍現的曙光，或是暴虐嚴冬過後的春天。還有另一種詮釋人上人的方式，與完美主義和自我風格沒什麼關係：尼采希望我們去死、脫離現軌、脫離我們自己的軌道，如此一來，其他物事才能取代我們。如此一來，我們才能成為我們自己。

整場慶典都是在推崇死亡——或者讚美死亡，或者化身死亡——但最終是為了創造——或是更好的，是為了再創造。這就是西勒諾斯的智慧，以及這個羊男之所以被選為戴奧尼索斯守護者的理由。戴奧尼索斯曾兩度誕生，或是更戲劇化一點地說，是再出生。他盡快地死，只是為了再次崛起。照某些說法，他是宙斯和地底世界的女神珀瑟芬私通之子。希拉，宙斯的妻子，發覺了姦情。勃然大怒的她，說服了泰坦族這個太初巨人族去獵殺這個孩子，加以肢解並吞食之。他們完事之後，僅剩之物是這個男孩的心臟。但戴奧尼索斯將會活下來。

當泰坦族把他給狼吞虎嚥了，戴奧尼索斯的身體被這些古代巨人磨碎、吸收、消化。宙斯發現這項報復行動之後，讓他的兒子重獲生命，並以一場閃電雷暴除滅了泰坦族。這些巨人什麼都沒剩下，只有一堆潮溼的煤灰：巨大且歸於塵土，卻帶著些微的、只是一丁點香味的神聖。這是一種令人難以忘懷的雜揉：忘恩負義之恥，調和著淡淡的創造與救贖之可能。照奧菲斯教派（Orphic）神話的說法，宙斯拿這堆煤灰與黏土混合，塑造出小而不完美的形體——人類。「我們的身體是戴奧尼索斯式，」新柏拉圖學派的哲學家奧林匹奧多羅斯（Olympiodorus）解釋，「我們是他的一部分，因為我們是從食其血肉的泰坦族煤灰中迸現。」

時光終將流逝而夜幕總會褪去，遊行退場而太陽升起。所有偉大的慶典都奠基於死亡與重生的循環。何時慶祝並不重要——復活節、萬聖節、齋戒月、排燈節、農神節、曙光慶典——這些節慶都有一種類似的氣味。事物再次活過來之前，必須受苦、入於闇黑、褪去。這並非逃避或暫止生命，而是生命的實現：到了最後，燃起、燃盡，如查拉圖斯特拉之所為，「就像清晨之太陽出於暗黑之群山。」

尼采生平與著作編年表

一八四四年

十月十五日　尼采誕生於卡爾・路德維希・尼采（Karl Ludwig Nietzsche）與芙蘭契斯卡・尼采之家。

一八四九年

七月　尼采之父過世。

一八五八年

尼采在普佛塔入學。

一八六七年

十月　尼采加入瑙姆堡的炮兵團。

一八六八年
十月　尼采退役。
一八六九年
一月　尼采獲聘為巴塞爾大學教授。
五月　在特里布深與華格納首次見面。
一八七二年
一月　尼采申請巴塞爾的哲學教職。
十一月　《悲劇的誕生》出版。
一八七三年
十一月　發表史學論作（《不合時宜的沉思》卷一）。
一八七四年
三～九月　撰寫《作為教育家的叔本華》（《不合時宜的沉思》卷三）。
一八七六年
二月　尼采停止在大學教課。
七月　尼采參觀華格納的拜魯特音樂節。

八月　開始撰寫《人性的，太人性的》。
十月　保羅·雷和尼采一起待在蘇連多，同行的還有麥森布格。尼采與華格納決裂。
十一月　尼采與華格納在蘇連多最後一次見面。

一八七八年
一月　《人性的，太人性的》寄給出版商。
八月　尼采生病。

一八七九年
六月　尼采前往錫爾斯瑪利亞附近的聖莫里茲。

一八八〇年
一～十一月　尼采撰寫《黎明》。

一八八一年
七月　尼采前往錫爾斯瑪利亞。
八月　尼采開始著手《查拉圖斯特拉如是說》與「永劫回歸」。
十二月　撰寫《快樂的科學》。

一八八二年

三月　《快樂的科學》第四卷初稿完成。
五月　尼采在羅馬見到莎樂美。
八月　莎樂美來陶騰堡。《快樂的科學》出版。
九月　莎樂美和雷在一起。尼采計劃他們三個人一起住在巴黎，但不曾實現。
十月　莎樂美、雷和尼采一起待在萊比錫。
十一月　莎樂美和雷離開尼采。

一八八三年

一月　寫完《查拉圖斯特拉如是說》卷一。
二月　尼采獲知華格納死訊。
十月　尼采在尼斯定居過冬。

一八八四年

一月　《查拉圖斯特拉》卷二完成。尼采與妹妹伊莉莎白決裂。
七月　尼采前往錫爾斯瑪利亞撰寫《查拉圖斯特拉》卷三。
十二月　尼采撰寫《查拉圖斯特拉》卷四。

一八八五年

五月　伊莉莎白嫁給著名反猶人士佛斯特。
六月　尼采開始撰寫《超越善與惡》。

一八八六年

一月　尼采完成《超越善與惡》。
二月　伊莉莎白與佛斯特前往巴拉圭。
六月　尼采前往錫爾斯瑪利亞。開始撰寫《道德系譜學》。

一八八七年

十一月　《道德系譜學》出版。

一八八八年

四月　尼采搬去杜林。
六月　前往錫爾斯瑪利亞。開始撰寫《偶像的黃昏》。
九月　開始撰寫《反基督》。
十月　開始撰寫《瞧！這個人》。

一八八九年

一月　尼采在杜林街上精神崩潰。

六月　佛斯特自殺。

一八八九到一八九七年

尼采由他的母親照料。

一八九三年

九月　尼采的妹妹伊莉莎白從巴拉圭回來。

一八九五年

十二月　尼采的母親簽字放棄尼采著作權，從此開始由他妹妹掌控其所有著作。

一八九七年

復活節　尼采的母親過世。

一九〇〇年

八月二十五日　尼采逝世於威瑪。

一九〇一年

十一月　保羅·雷在錫爾斯瑪利亞附近墜崖而死。

參考書目及推薦讀物

尼采作品

The Antichrist. Translated by Walter Kaufmann in The Portable Nietzsche, edited by Walter Kaufmann. New York: Viking Press, 1968.

Beyond Good and Evil. Translated by Walter Kaufmann. New York: Random House, 1966.

The Birth of Tragedy. Translated by Walter Kaufmann in *The Birth of Tragedy and The Case of Wagner*. New York: Random House, 1967.

The Case of Wagner. Translated by Walter Kaufmann in *The Birth of Tragedy and The Case of Wagner*. New York: Random House, 1967.

The Dawn of Day. Translated by John Kennedy. London: T.N. Foulis, 1911.

Ecce Homo: How One Becomes What One Is. Translated by Walter Kaufmann in *On the Genealogy of Morals and Ecce Homo*. New York: Random House, 1967.

The Gay Science, with a Prelude of Rhymes and an Appendix of Songs. Translated by Walter Kaufmann. New York: Random House, 1974.

Human, All Too Human: A Book for Free Spirits. Translated by R. J. Hollingdale. Cambridge, UK: Cambridge University Press, 1986.

Kritische Gesamtausgabe Briefwechsel. Edited by G. Colli and M. Montinari, 24 vols. in 4 parts. Berlin: Walter de Gruyter, 1975.

Nietzsche Contra Wagner. Translated by Walter Kaufmann in *The Portable Nietzsche*, edited by Walter Kaufmann. New York: Viking Press, 1968.

On the Genealogy of Morals. Translated by Walter Kaufmann and R. J. Hollingdale in *On the Genealogy of Morals and Ecce Homo*. New York: Random House, 1967.

Thus Spoke Zarathustra. Translated by Walter Kaufmann in *The Portable Nietzsche*, edited by Walter Kaufmann. New York: Viking Press, 1968.

Twilight of the Idols. Translated by Walter Kaufmann in *The Portable Nietzsche*, edited by

Walter Kaufmann. New York: Viking Press, 1968.

其他相關文獻

Adorno, Theodor and Max Horkheimer. *Dialectic of Enlightenment: Philosophical Fragments*, 1947. Edited by G. S. Noerr. Translated by E. Jephcott. Stanford: Stanford University Press, 2002.

Allison, David. *Reading the New Nietzsche*. Lanham, Maryland: Rowman & Littlefield, 2000.

Babich, Babette E. *Nietzsche's Philosophy of Science*. Albany: State University of New York Press, 1994.

Basho, Matsuo. *The Narrow Road to the Deep North*. New York: Penguin Press, 1966.

Bataille, Georges. *On Nietzsche*, 1945. Translated by Bruce Boone. London: Athlone Press, 1992.

Benjamin, Walter. *Selected Writings*. Vol. 4. Cambridge, MA: Harvard University Press, 2003.

Bishop, Paul, and R. H. Stephenson. *Friedrich Nietzsche and Weimar Classicism*. Rochester, NY: Camden House, 2005.

Blond, Lewis. *Heidegger and Nietzsche: Overcoming Metaphysics*. London: Continuum, 2011.

Chamberlain, Lesley. *Nietzsche in Turin: An Intimate Biography*. New York: Picador, 1998.

Clark, Maudemarie. *Nietzsche on Truth and Philosophy*. Cambridge, UK: Cambridge University Press, 1990.

Cohen, Jonathan R. *Science, Culture, and Free Spirit: A Study of Nietzsche's "Human, All-Too-Human."* Amherst, NY: Humanity Books/Prometheus Books. 2010.

Conant, James. "Nietzsche's Perfectionism: A Reading of *Schopenhauer as Educator.*" In *Nietzsche's Postmoralism*. Edited by Richard Schacht. New York: Cambridge University Press, 2001.

Conway, Daniel. *Nietzsche and the Political*. New York: Routledge, 1997.

——. *Nietzsche's Dangerous Game: Philosophy in the Twilight of the Idols*. New York: Cambridge University Press, 1997.

Danto, Arthur C. *Nietzsche as Philosopher: An Original Study*. New York: Columbia University Press, 1965.

Deleuze, Gilles. *Nietzsche and Philosophy*, 1962. Translated by Hugh Tomlinson. New York: Columbia University Press, 1983.

——. *Difference and Repetition*, 1968. Translated by Paul Patton. New York: Columbia University Press, 1995.

Derrida, Jacques. *Spurs: Nietzsche's Styles*. Translated by Barbara Harlow. Chicago: University of Chicago Press, 1979.

Dostoyevsky, Fyodor. *Notes from Underground*, 1864. Translated by Richard Pevear and Larissa Volokhonsky. New York: Vintage, 1993.

Fasini, Remo. "Qui Venne Nietzsche" in *The Waldhaus Sils-Maria: English Edition*. Sils-Maria: No date.

Fink, Eugen. *Nietzsche's Philosophy*, 1960. Translated by Goetz Richter. Aldershot, UK: Avebury Press, 2003.

Geuss, Raymond. *Morality, Culture and History: Essays on German Philosophy*. Cambridge: Cambridge University Press, 1999.

Gilman, Sander L., ed. *Conversations with Nietzsche: A Life in the Words of His Contemporaries*. Translated by David J. Parent. New York: Oxford University Press, 1987.

Goebel, Eckart. *Beyond Discontent: Sublimation from Goethe to Lacan*. London: Bloomsbury,

2012.

Greif, Mark. *Against Everything*. New York: Pantheon, 2016.

Gros, Frederic. *A Philosophy of Walking*. New York: Verso, 2014.

Hatab, Lawrence J. *Nietzsche's Life Sentence: Coming to Terms with Eternal Recurrence*. London: Routledge, 2005.

——. *Nietzsche's "On the Genealogy of Morality,"* Cambridge, UK: Cambridge University Press, 2008.

Hayman, Ronald. *Nietzsche, a Critical Life*. New York: Oxford University Press, 1980.

Heidegger, Martin. *Nietzsche, Vol. I: The Will to Power as Art*, 1936–37. Translated by David F. Krell. New York: Harper & Row, 1979.

——. *Nietzsche, Vol. II: The Eternal Recurrence of the Same*, 1936–37. Translated by David F. Krell. San Francisco: Harper & Row, 1984.

——. *Nietzsche, Vol. III: Will to Power as Knowledge and as Metaphysics*, 1939. Translated by Joan Stambaugh and Frank Capuzzi. San Francisco: Harper & Row, 1986.

——. *Nietzsche, Vol. IV: Nihilism*, 1939. Translated by David F. Krell. New York: Harper &

Row, 1982.

Hesse, Hermann. *Steppenwolf*. Translated by Basil Creighton. New York: Picador, 1963.

——. *Siddhartha*. Translated by Joachim Neugroschel. New York: Penguin, 1999.

Higgins, Kathleen Marie. *Comic Relief: Nietzsche's Gay Science*. Oxford, UK: Oxford University Press, 1999.

——. *Nietzsche's "Zarathustra."* Philadelphia: Temple University Press, 1987.

Hollingdale, R. J. *Nietzsche*. London and New York: Routledge and Kegan Paul, 1973.

Irigaray, Luce. *Marine Lover of Friedrich Nietzsche*, 1980. Translated by Gillian C. Gill. New York: Columbia University Press, 1991.

Jameson, F. *Late Marxism: Adorno, or, The Persistence of the Dialectic*, London; New York: Verso, 1990.

Janaway, Christopher. *Beyond Selflessness: Reading Nietzsche's Genealogy*, Oxford, UK: Oxford University Press, 2007.

Jaspers, Karl. *Nietzsche: An Introduction to the Understanding of His Philosophical Activity*, 1936. Translated by Charles F. Wallraff and Frederick J. Schmitz. South Bend, IN: Regentry/

Gateway, 1979.

Jung, Carl G. *Nietzsche's "Zarathustra,"* 1934–39. Edited by James L. Jarrett. Princeton, NJ: Princeton University Press, 1988.

Kain, Philip J. *Nietzsche and the Horror of Existence*. Lanham, MD: Lexington Books, 2009.

Katsafanas, Paul. *Agency and the Foundations of Ethics: Nietzschean Constitutivism*. Oxford, UK: Oxford University Press, 2013.

Kaufmann, Walter. *Nietzsche: Philosopher, Psychologist, Antichrist*. Princeton, NJ: Princeton University Press, 1950.

Kennedy, J. M. *Nietzsche*. New York: Haskell House, 1974.

Klossowski, Pierre. *Nietzsche and the Vicious Circle*, 1969. London: Athlone Press, 1993.

Kofman, Sarah. *Nietzsche and Metaphor*, 1972. Edited and translated by Duncan Large. London: Athlone Press; Stanford, CA: Stanford University Press, 1993.

Kohler, Joachim. *Nietzsche and Wagner: A Lesson in Subjugation*. Translated by Ronald Taylor. New Haven: Yale University Press, 1998.

Krell, David Farrell. *Postponements: Women, Sensuality, and Death in Nietzsche*. Bloomington:

Indiana University Press, 1986.

Krell, David Farrell, and Donald L. Bates. *The Good European: Nietzsche's Work Sites in Word and Image*. Chicago: University of Chicago Press, 1997.

Leiter, Brian. *Routledge Guidebook to Nietzsche on Morality*. London: Routledge, 2002.

Lemm, Vanessa. *Nietzsche's Animal Philosophy: Culture, Politics and the Animality of the Human Being*. New York: Fordham University Press, 2009.

Liebert, Georges. *Nietzsche and Music*. Translated by David Pellauer and Graham Parkes. Chicago: University of Chicago Press, 2004.

Lowith, Karl. *Nietzsche's Philosophy of the Eternal Recurrence of the Same*, 1956. Translated by J. Harvey Lomax, foreword by Bernd Magnus. Berkeley: University of California Press, 1997.

Mandel, Siegfried. *Nietzsche & the Jews*. New York: Prometheus Books, 1998.

Mann, Thomas. *Dr. Faustus*. Translated by John E. Woods. New York: Knopf, 1992.

Martin, Clancy. *Love and Lies*. New York: Farrar, Straus and Giroux, 2015.

Matthiessen, Peter. *The Snow Leopard*. New York: Vintage, 2003.

May, Simon. *Nietzsche's Ethics and his War on "Morality."* Oxford, UK: Oxford University

Press, 2000.

——,ed. *Nietzsche's "On the Geneaology of Morality" : A Critical Guide*. Cambridge, UK: Cambridge University Press, 2011.

Mencken, H. L. *The Philosophy of Friedrich Nietzsche*, 1908. New Brunswick (U.S.) and London (UK): Transaction Publishers, 1993.

Mileck, Joseph. *Hermann Hesse: Life and Art*. London: University of California Press, 1981.

Mishima, Yukio. *Confessions of a Mask*. Translated by Meredith Weatherby. New York: New Directions, 1959.

Nehamas, Alexander. *Nietzsche: Life as Literature*. Cambridge, MA: Harvard University Press, 1985.

Oliver, Kelly. *Womanizing Nietzsche: Philosophy's Relation to the "Feminine."* New York and London: Routledge, 1995.

Parkes, Graham. *Composing the Soul: Reaches of Nietzsche's Psychology*. Chicago and London: University of Chicago Press, 1994.

Pippin, Robert B. *Nietzsche, Psychology and First Philosophy*. Chicago: University of Chicago

Press, 2011.

Ratner-Rosenhagen, Jennifer. *American Nietzsche: A History of an Icon and His Ideas*. Chicago: University of Chicago Press, 2011.

Rosen, Stanley. *The Mask of Enlightenment: Nietzsche's Zarathustra*. Cambridge, UK: Cambridge University Press, 1995.

Salome, Lou. *Nietzsche*, 1894. Edited and translated by Siegfried Mandel. Redding Ridge, CT: Black Swan Books, 1988.

Schacht, Richard. *Making Sense of Nietzsche: Reflections Timely and Untimely*. Champaign: University of Illinois Press, 1995.

——. *Nietzsche*. London: Routledge and Kegan Paul, 1983.

Shapiro, Gary. *Nietzschean Narratives*. Bloomington: Indiana University Press, 1989.

Simmel, Georg. *Schopenhauer and Nietzsche*, 1907. Translated by Helmut Loiskandle, Deena Weinstein, and Michael Weinstein. Urbana and Chicago: University of Illinois Press, 1991.

Smith, Gary, ed. *Benjamin: Philosophy, Aesthetics, History*. Chicago: University of Chicago Press, 1989.

Solnit, Rebecca. *Wanderlust: A History of Walking*. New York: Penguin, 2000.

Solomon, Robert C. *Living with Nietzsche: What the Great "Immoralist" Has to Teach Us*. Oxford, UK: Oxford University Press, 2003.

Steiner, Rudolph. *Friedrich Nietzsche: Fighter for Freedom*. New York: Herman, 1960.

Young, Julian. *Friedrich Nietzsche: A Philosophical Biography*. Cambridge, UK: Cambridge University Press, 2010.

——. *Nietzsche's Philosophy of Art*. Cambridge, UK: Cambridge University Press, 1992.

——. *Nietzsche's Philosophy of Religion*. Cambridge, UK: Cambridge University Press, 2006.

謝辭

這是要和《美國哲學：一個愛的故事》（*American Philosophy: A Love Story. When American Philosophy*）同讀的書。《美國哲學》在二〇一六年出版時，作家葛雷福（Mark Greif）撰文談這本書：「從神聖婚姻到此地（一如我們這個世界其他各地）的試婚形態，其所傳遞的超越意義與神祕性分量之重，對親密生活關係而言，似乎是一種沉重到有些殘酷的負荷。」他說得沒錯。此一觀察——如此銳利且焦心——正是本書背後的驅策動力之一。

我要感謝克蘭西．馬汀，是他督促我開始動筆並讓我保持進度。一開始，我們計劃要一起寫這本書，而且就諸多方面而言，我真希望當初要是照計畫進行就好了。但克蘭西出於寬宏大度與良好指引，建議我自己一個人去旅行，或是只帶著卡蘿和蓓卡去。這是正確的抉擇。但他依然是書稿中隱而不顯的推手之一。我們關於為父之道、愛、伴侶關係和欺瞞行為的討論，以各種我不斷發覺且希望能加以致意的方式，浸潤書中各處。我讀尼采已經很久了，克蘭西則發揮了幫我重新導讀的功能。

我也要感謝恩師康威和安德森（Douglas Anderson）。沒有他們的支持，我根本不會有第一趟瑞士之行，或是成為哲學人，或是念完大學。他們現在仍然是學生所能遇到最有思想的老師。還有很多導師、教師和他們一起引領我，先是《美國哲學：一個愛的故事》，現在是《在阿爾卑斯山與尼采相遇》：拉特娜—柔森哈根（Jennifer Ratner-Rosenhagen）、瑪榭爾（Megan Marshall）、齊澈（Philip Kitcher）、杜布斯（Andre Dubus III）、司巴克斯（Patricia Meyer Spacks）、茉蘭德（Lydia Moland）、葛雷澤（Nathan Glazer）、強生（Mark Johnson）、萊登（Chis Lydon）、瑪格蕾絲（Mary McGrath）、儒森（John Russon）、馬利諾（Gordon Marino）、拉波薩（Michael Raposa）、考夫曼（Whitley Kaufman）、克斯騰保（Victor Kestenbaum），還有很多很多。寇南特（James Conant）關於尼采完美主義的洞見（努力趨近「未臻至但可臻至的自我」〔the unattained but attainable self〕），以及內哈瑪斯（Alexander Nehamas）對尼采的解讀，讓我受益匪淺，尤其是內哈瑪斯對敘事、自傳和哲學之間關係的詮釋。內哈瑪斯說得很對：「成為你自己」這個律令，用他的話來說，是「尼采令人難忘的格言中最難以忘懷的一則。」朱利安・楊對尼采生平的解讀不可不提，芭碧琪

（Babette Babich）的《以血言語，如花一般》（*Words in Blood, Like Flowers*）也是。

我對支持卡蘿、蓓卡和我的那些親愛的朋友們心懷感激：芙萊、戴維森夫婦、波普夫婦、沃爾慈和孟鐸扎、施芮荷、史密斯夫婦、亞丁格（他比其他人更早讀完草稿）、帕皮克、帕克（他早在第一趟瑞士之行前好幾年，就與尼采和我一起散步過了）、斯賓，以及瑪葳妮。亞莉珊德芮讀過本書的多種版本，還讓我認識了一個我從未想過且從此不忘的用語——「愛的條件」。另一個朋友沙瑪也應該特別一提。沙瑪是我第一趟歐洲之旅時，和我一起走過一段的同伴。離開錫爾斯瑪利亞之後，他和我以少到不能再少的開銷，徒步在義大利和法國各地旅行了好幾天，而且我想，我們能四肢健全地回到家，算是運氣不錯了。

這次有更多的編輯協助我修改並磨鍊我的寫作：塔瑪琳、卡夫卡、卡塔帕諾、金斯貝瑞、德瑞瑟、拜戎、奈特、姜普、巴登和馬利諾。我要感謝我的經紀人霍夫曼支持這項計畫，並協助我琢磨我的文筆和思維。他一直是初期草稿最敏銳的讀者，而且有一種不可思議的能力，能夠不居先而引領。當然，荷伊是本書最親近也最嚴厲的讀者。謝謝你們。

三十一歲那年，我去了FSG出版社（Farrar, Straus and Giroux）的辦公室，和伊琳・史密斯（Ileene Smith）討論《美國哲學：一個愛的故事》的草案。對出版工業而言，我是一個菜到不懂得要害怕的傢伙。談話到了尾聲，她說她會「想一想」、和同事討論看看。我可以確定的是，當時她要是沒回電給我，鼓勵我先寫《美國哲學》、然後是現在這本關於尼采的書，我應該就會讓這個計畫無疾而終了。我深深感激伊琳和FSG，給了我寫這兩本書並在他們的書頁上磨鍊自己的機會。我要感謝霍華、崴妮珂和芭托出色的編輯助力。

我要感謝我的母親貝琪．凱格（Becky Kaag），以及我哥馬修。我在很多方面都不像赫塞，但我知道，我小時候完全無法管教，大致上來說，他們倆就是負責看著我長大、不把我送出去給別人管教。我們這個大家族中越來越多的小傢伙們——布萊恩、凱倫、傑若米、詹姆斯、所羅門、芙蘿拉、艾莉、麥特、凱琳、大衛、塔利——不斷提醒我一件開心事：生命超乎哲學。

卡蘿和蓓卡，我這趟旅程及一切一切的同行者，我想要謝謝妳們愛我，儘管、也或許正因為我偶爾會帶著面具。我愛妳們倆，超乎文字所能表達。

國家圖書館出版品預行編目資料

在阿爾卑斯山與尼采相遇 / 約翰·凱格(John Kaag)著 ; 林志懋譯.
-- 初版. -- 臺北市 : 商周出版 : 家庭傳媒城邦分公司發行, 2019.12
面 ; 公分. -- (Viewpoint ; 98)
譯自 : Hiking with Nietzsche : on becoming who you are
ISBN 978-986-477-756-3(平裝)

1.尼采(Nietzsche, Friedrich Wilhelm, 1844-1900) 2.學術思想 3.人生
哲學

147.66   108017849

ViewPoint 98

在阿爾卑斯山與尼采相遇

作　　　　者 ／ 約翰·凱格（John Kaag）
譯　　　　者 ／ 林志懋
企 劃 選 書 ／ 羅珮芳
責 任 編 輯 ／ 羅珮芳
版　　　權 ／ 黃淑敏、林心紅、翁靜如
行 銷 業 務 ／ 莊英傑、周佑潔、黃崇華
總 編 輯 ／ 黃靖卉
總 經 理 ／ 彭之琬
事業群總經理 ／ 黃淑貞
發 行 人 ／ 何飛鵬
法 律 顧 問 ／ 元禾法律事務所王子文律師
出　　　版 ／ 商周出版
　　　　　　　台北市104民生東路二段141號9樓
　　　　　　　電話：(02) 25007008　傳真：(02)25007759
　　　　　　　E-mail:bwp.service@cite.com.tw
發　　　行 ／ 英屬蓋曼群島商家庭傳媒股份有限公司城邦分公司
　　　　　　　台北市中山區民生東路二段141號2樓
　　　　　　　書虫客服服務專線：02-25007718、02-25007719
　　　　　　　24小時傳真服務：02-25001990、02-25001991
　　　　　　　服務時間：週一至週五上午09:30-12:00；下午13:30-17:00
　　　　　　　劃撥帳號：19863813；戶名：書虫股份有限公司
　　　　　　　讀者服務信箱E-mail：service@readingclub.com.tw
　　　　　　　城邦讀書花園：www.cite.com.tw
香 港 發 行 所 ／ 城邦（香港）出版集團有限公司
　　　　　　　香港灣仔駱克道193號東超商業中心1F；E-mail：hkcite@biznetvigator.com
　　　　　　　電話：(852)25086231 傳真：(852)25789337
馬 新 發 行 所 ／ 城邦（馬新）出版集團【Cite (M) Sdn Bhd】
　　　　　　　41, Jalan Radin Anum, Bandar Baru Sri Petaling,
　　　　　　　57000 Kuala Lumpur, Malaysia.
　　　　　　　電話：(603) 90578822 傳真：(603) 90576622
　　　　　　　Email: cite@cite.com.my

封 面 設 計 ／ 日央設計
內 頁 排 版 ／ 陳健美
印　　　刷 ／ 韋懋印刷事業有限公司
經　　　銷 ／ 聯合發行股份有限公司
　　　　　　　地址：新北市231新店區寶橋路235巷6弄6號2樓
　　　　　　　電話：(02)2917-8022　傳真：(02)2911-0053

■2019年12月10日初版   Printed in Taiwan
定價380元

城邦讀書花園
www.cite.com.tw